校長の力

学校が変わらない理由、変わる秘訣

工藤勇一
横浜創英中学・高等学校校長

812
中公新書ラクレ

まえがき――実は大きい！「校長の力」

これを読んでくださっているのが教員の世界とはほぼゆかりのない一般の方だとすれば、校長という存在はどのようなものと思われているのでしょうか。

校長先生といえば、式典の壇上で挨拶をする「偉い人」という印象があるかもしれません、先生が行き着いた先の「名誉職」といったイメージかもしれません。

そして生徒たちからは、最も遠い存在のように思われているようです。

しかし、校長は式典の挨拶担当でもなければ名誉職でもありません。教員としてのすごろくの上がりの職業でもありません。校長には学校という組織のトップとしての役割が山ほどあります。校長ができることは想像以上に多くて、校長にしかできないことがあります。実は、「校長の力」には、とても大きなものがあるのです。

校長の意識さえ変われば、学校全体が必ず変わります。

例えば、その学校の教育課程について決める権利は、すべて「学校長にある」ということをご存じでしょうか？

覚悟さえすれば今の制度の中であっても、校長が教育課程をすべて決めることができるのです。

校長の力は大きい。

だから、校長の力を十分に知りその力を発揮して、より良い教育環境を作っていくことが今、学校運営に携わる人たちに求められている重要な課題ではないでしょうか。

そこで本書は、校長の力を存分に発揮するための必須知識として、次のようなことを紹介していきます。

○校長にとって、どういう仕事が本質的なのか？

○保護者、ＰＴＡ、教育委員会、議会、民間企業などステークホルダーとどう付き合うか？

○教育公務員特例法などの法令や、教育委員会についての知識がなぜ不可欠なのか？

○教員や子ども、保護者に対し、どんな「言葉」を投げかければいいのか？

等々……。

もちろん現実の校長たちの中には、自分の任期の数年間、とにかく無事に終わってほしいと思っている人たちがいることも認めないわけにはいきません。しかし、校長という職はゴールではなく、就いた時からがスタートなのです。

*

校長はある種リーダーでありますが、マネジャーとしての役割が非常に大きい仕事です。企業の肩書きで言えば、校長は課長職か部長職に相当するようなマネジメントの要素が強い業務内容なのです。

ここで同時に、公立学校の校長には限界があることにも触れておかなければなりません。民間企業の経営者には当然のようにあるヒト・モノ・カネの権限が、校長にはほぼないのです。ヒト（教職員）の人事に関する権限は都道府県教育委員会が握っています。カネは設置者である市町村教育委員会、つまりはその議会が押さえています。モノ（施設）すら、さまざまな制約があり、自由に活用することすらできません。校長が本気で何事かを成そうとする時は、極端に言えば自治体の首長や与党議員、野党議員を説得してまわらなければいけない場面だってあるのです。

学校を自律させるためには、人事と財務の権限をもっと学校に下ろしていくべきだと僕は考えています。

*

本書をご覧いただくにあたり、あらかじめお伝えしておきたい大切なことがあります。

それは、校長は「誰にでもなれる」という事実。こんなことを言えば、「そんなはずはないでしょ」という声が聞こえてきそうです。

少なくとも本書を読んでいるあなたが新人教師であれば、絶対に請け合いです。本気でなろうと思えば、なれるのです。今、先生をしているあなたが校長になって、現場を変えることは可能です。

何よりもこの僕自身が、そうだからです。

本書の中でも触れていますが、僕は教員生活が始まった当初からしばらくの間、「校長になりたい」と思ったことなど一度もありませんし、授業や部活、生徒会、そして生徒理解についての勉強ばかりで「校長になるための方法」については知ろうと考えたこともありませんでした。

言ってみれば、一介の平凡な数学教師でした。

しかしある時から、校長という役割の必要性を痛切に感じるようになったのです。「自らが民主的な中学校をつくって、日本の学校を変えるきっかけとなりたい」という志を抱き、教育委員会に10年ほど勤務した後、54歳で校長職に就きました。千代田区立麹町(こうじまち)中学校で校長として取り組んだ改革に対して、予想以上の大きな反響が寄せられました。試行錯誤の結果、「民主的な学校」の体現にいくらか近づくことができたと思っています。

そして今、僕は私立の横浜創英中学・高等学校の校長として新たな取り組みを続けています。

*

僕はこれまで何千人もの校長に向けて講演をしてきました。その中には、本気で学校改革に取り組み始めた校長が日本全国にたくさんいて、個別に相談にも乗っています。ただ、大多数の校長はなかなか自らを変えることが難しい。持論もあって、長い下積みの末に校長になれたのに、「今日から考えを改めます」とはならない事情はわかります。

しかし、校長が変わることは、単に個人的な問題にとどまりません。

校長が変わり、学校が変わり、子どもたちが変われば、社会が変わります。言い方を換えれば、校長に変わる気がないのであれば、学校は著しく変化しづらいということです。さらに言えば校長が子どもたちや保護者、教員、その他周囲の人々に害を及ぼすような人物であるとすれば、その責任はとてつもなく重いということです。今すぐ職を辞するべきだと思います。

本文で詳しく説明しますが、僕が考える理想の社会はどこかにモデルがあるわけではなく、「つねに成長し続ける社会」そのものです。ＳＤＧｓ（国連が掲げた２０３０年までに世界が達成すべきゴール、「持続可能な開発目標」）がいう「誰一人取り残さない」という理想の社会の実現に向けて努力し続ける行為にこそ、民主主義の意義があるのだと思います。

その中心にあるのが、教育の力です。

少しでも現場からの改革が前に進んでいくように、少しでも社会が良くなるように、そんな切実な思いで、僕はこの本をつくりました。

工藤勇一

目次

編集協力／山下柚実
本文ＤＴＰ／平面惑星
図表作成／明 昌 堂

校長の力

——学校が変わらない理由、変わる秘訣

第1章　生徒と教師が自律するためのマネジメント

自然な流れで生まれた麹町中の改革

僕が企業で講演をすると、しばしば「民間人校長」だと勘違いされることがあります。ずっと教員一筋だったと伝えると、「マネジメントはどこで学ばれたんですか」と尋ねられます。僕は毎年、新しい学級、学年、そして生徒会をつくりながら現場でマネジメントを体得してきました。

最初に少し自己紹介をさせてください。

僕は２０２０年、横浜創英中学・高等学校の校長に就任しました。

その前は、東京都千代田区立麹町中学校の校長をしていて、公立中学校では珍しいと言われるいくつかの取り組みを実施しました。

その取り組みが朝のニュースで取り上げられる機会があり、全国に知られたとたん、想定を超える大きな反響が僕のもとに届くようになったのです。

麹町中学で改善したことは、実は４００項目以上あります。その内、特に注目されたことをいくつか挙げると次のようなものになります。

○服装・頭髪指導をしない
○宿題を全廃
○中間・期末テストを全廃
○固定担任制を廃止
○数学の一斉授業を廃止

一見して非常識な実践だと感じた方もおられるでしょう。あるいは、閉塞している日本の教育現場を変えていくヒントがある、と思った方もいるかもしれません。

麹町中の取り組みがニュースで報道されると、たちまち見学の依頼、取材や講演の依頼、文部科学省からの視察の要望まで……次々に押し寄せました。

一公立の学校にすぎない麹町中の学校説明会には、毎日立ち見が出るほど大勢の方が集まるようになったのです。中には小学1年生や幼児の保護者の方々もいらっしゃいましたし、「これから子どもができるんです」などというご夫婦もいらっしゃった時は、さすがに驚きました。定員の3倍もの人数が集まることになったのです。

もちろん当の教員たちにとっても、驚くべき出来事だったと思います。

僕が考えてきた教育とその原点に立って、教員たちと共にさまざまな経験から得てきた手段や方法を使って、やるべきこと、できることをコツコツと積み重ねていった結果そのものだったからです。

言ってみれば、服装指導をしないとか宿題をなくすといった実践はすべて、自然な流れの中で出てきたことでした。

中には、「麹町中だからできた」「うちの学校は田舎だからとても無理」「特別な条件が揃わなければ実現できない」といった声も聞かれました。

僕としては「全国のどの学校であっても、こうした改革は不可能ではない」と思っていたので、そうした反響にはいろいろなことを考えさせられました。

改革はどこでもできる

僕が校長をしていた麹町中は、東京都千代田区という日本の中心部に位置しています。

最新の情報が集まりやすい場所であることは事実ですし、高学歴の家庭も多く、教育について意識の高い住民が暮らす地域だと言えるでしょう。

たしかに過去を振り返ってみると、麹町中はいわゆる「名門」だったと言えます。東京大学へ進学する前段階として、わざわざ越境入学してくる子どもが大勢いた時代もあります。

でも、時代は変わりました。

東大など有名大学への進学を見据える選択肢として、千代田区にお住まいの親たちはあえて公立中学を選びません。

それより東大進学率の高さで知られているような有名私立学校へ子どもを進学させる傾向のほうが強いのです。

実際に、僕が赴任した当時の麹町中は、私立そして区立の中等教育学校の「滑り止め」のような位置づけの人気のない学校だったかもしれません。本当は私立へ進みたかったけれど、受験に失敗して仕方なく入ってきた……赴任した年は、１２０人の新入生のうち第一希望だった子は20人しかいませんでした。

そうした子どもたちの中には自己肯定感を持てず、劣等感を抱えたり失敗してやる気が削がれていたりする子もたくさん見られました。

勉強が嫌いになってしまっていて、学校も、先生たちのことも嫌いになってしまっている。

中学に入学してきた直後は、特に問題が山積みの状態でした。当時の麹町中は学校改革がほとんど進んでいなかったわけですから、頭髪・服装指導など管理教育を徹底しようとしていた学校でしたし、大声で生徒たちを恫喝する高圧的な教員が何人もいました。その一方で生徒からなめられたり、からかわれたり、暴言を吐かれたりする教員も多く、1年生などはいわゆる学級崩壊を起こしていたのです。

担任たちは、激しい生徒たちを相手に一人で受けて立たなければならず、他方で教育熱心な保護者たちからの突き上げも食らっていました。メンタルをやられて休職する教員も少なくありませんでした。

「麹町中が優秀だから、斬新な学校改革もできたのだ」「親も教育熱心で、経済的にも恵まれた環境の子どもたちだからうまくいった」というのは誤解です。

僕が言いたいのは、むしろ「挫折感を抱えている生徒が多い麹町中学ですら改革できたのだから、どのような教育現場にあってもできる」ということです。もう少し言えば、「子どもたちが自律的な力を身につけさえすれば、どんなに荒れた学校の改善も可能だ」ということです。

あなたが行動するか否かにかかっている

僕は講演のあとの質問などで「社会が悪いから学校がよくならない」と教員から言われることがありますが、真実は逆なのです。

この質問に限らず、日本中で文句ばかりが聞こえてきます。政治のせい、時代のせい……世界は急速に変化しているのに、日本は停滞している。自分自身が当事者であることを忘れているからです。解決策は当事者が示していくほかないのです。対立が起きたとき、文句を言うかわりに、対話をして合意することができなければいけません。

こうしたことを大人になってから学ぶのは、とても難しい。学校で、その訓練をしないと、社会を変える人材が育たないのです。

「麹町中で改革に成功したことはわかりましたが、なぜ全国に広がらないのですか」という質問を受けたこともあります。「自分で考えて行動できる子どもを増やしましょう。そのために教員や学校がまずは自律しましょう」と訴えているつもりなのですが……。そういう質問には「あなたが行動を起こすかどうかの問題です」と答えるしかありません。

改革を主導するのは、まずは私たち教員です。

文部科学省でも教育委員会でもありません。日本中の学校それぞれが、本質的な改革をやり抜くことさえできれば、生徒たちが大人になった時、社会の中で民主的な対話の仕方を実践しながら組織を変えていきます。学校には、その教育の恩恵を受けた生徒たちが教員として戻ってきます。こうして、社会全体が確実に変化していくのです。

これこそが「教育の力」です。

金八先生の功罪

少し広い視野で、教育をめぐる社会の状況について振り返ってみましょう。

日本の学校教育をめぐる問題について、クローズアップして社会に伝える先駆的な役割を果たしたのが、テレビドラマ『3年B組金八先生』（TBS系、1979～2011年）だったと思います。

皆さんご存じのように、主人公である中学校教員の坂本金八先生が、3年B組の子どもたちの間に発生するさまざまな問題を体当たりで解決していくというストーリーでした。

この学園ドラマから、何でも解決してくれるスーパー教師像が生み出されていきました。熱血教師の姿に心を打たれて生徒たちが改心していくパターンの物語が、繰り返し描かれていたように思います。

ドラマがヒットしたことをきっかけに、非行、不登校、いじめ、暴力などさまざまな問題が学校の中で発生していることが知られていきました。そうした問題を、一所懸命解決しようという努力があることも、認知されていきました。

こうした意味でこのドラマが教育問題を広く世に伝えた役割は大きかったと思います。

しかしその一方で金八先生の指導で子どもたちの中に変化が生まれていく、感動の物語がテレビで放送されるたびに、現場の教師の間でやや奇妙な反響が感じられるようになりました。

僕の肌感で言えば、新シリーズの放映が始まるたびに学校が荒れるという感覚です。

ドラマは多くの人たちの共感を呼び、教育への関心も高めてくれたはずなのに、現場で働く教師への生徒、保護者からの逆風はますます強くなっていったのです。

このドラマは「学校は抑圧的な場所」で「先生の多くは、子どもにとって敵」であるという構図をつくりあげてしまったのだと思います。

そして、「金八先生のような先生こそ、子どものことを考えている正義の味方だ」「金八先生のように昼夜問わず問題に立ち向かってくれる教育熱心な先生が、教師のあるべき姿だ」とする風潮ばかりが高まっていきました。

金八先生は熱血漢で正義漢の役柄です。現実の教育現場ではありえない、ドラマ的な人格です。彼自身が人権的な見地からして問題のある行為をたびたび行っても、「ドラマだから」「フィクションだから」と許容されて見逃されていきます。その一方で、他の教師たちはどうだったでしょう。

「生徒たちの問題に対して消極的で、自分の体裁や保身ばかり気にしている」「教師の多くは、ことなかれ主義」「教師たちが信奉する管理的な教育が悪い」、そんな描かれ方だったように感じてしまいます。

つくられた「学校＝悪」という構図

もちろんその当時、学校の現場にはさまざまな矛盾もありました。僕自身、金八先生のように、学校教育の矛盾や理不尽な教師の姿に強い怒りを感じることも多々ありました。

ただ冷静に現実を振り返ると、問題は発生しているけれども、意図して問題を発生させようとか、悪意をもって誰かを追い詰めよう、としていた教師ばかりではありません。良かれと思ってやっているうちに結果として、問題を生み出してしまったケースもたくさんあります。

先生たちが、自己保身や責任回避に走り、それによって子どもたちを追い詰めていく、という構図は大きな勘違いです。

ところがいったん「学校が悪い」という図式ができてしまったら、元には戻れません。テレビドラマが繰り返しその図式を浸透させる役割を果たしたのだとすれば、悲劇的ともいえるでしょう。

日本の文化や日本のメディアは、わかりやすい対立の構造が好きです。明快な対立を作ったほうがドラマとしてもヒットするし、視聴者も喜ぶ傾向にあるからです。

もちろん、ドラマを通して学校の問題がクローズアップされたこと自体は、非常に意味があります。しかし、対立がクローズアップされ、問題の根本的な「原因」が見えにくくなってしまったのでは本末転倒です。学校を批判すれば正義である、というお定まりの図式が金八先生のヒットによって定着したとすれば、それはもっと深刻な問題を生んだことになります。

『3年B組金八先生』は、結果として「学校教育に問題がある」というイメージを広く根づかせました。

そうした風潮によって、新たな問題が生まれていきます。

教員側からすれば、できるだけ問題を発生させないようにしたいという心理になりがちです。そして問題が生まれないようにと、ますます管理を徹底していくようになります。少しでも学校が荒れたら、それを正すために学習規律や生活規律を厳格化し守らせ、管理していく。また、生徒や保護者の視点から言えば「教師や学校にサービスを求める」という図式を加速させてしまったのだと僕は感じています。

つまり、良いサービスを「してあげる」のが良い学校や先生であり、親からすれば「学校が我が子にサービスを提供するのは当たり前」という考え方になります。

それによって学校の現場は、さらに大きな問題を抱えることになりました。

大人が何でもやってあげて与える側にいて、子どもは与えられることに慣れてしまう。そんな構図が、日本中の学校に定着していきました。

簡単に言えば、教育のサービス産業化です。

与えられるのを待つ姿勢が当たり前になった人間は、うまくいかないことが起こるたびに、他人のせいにしてしまうようになります。

いじめが起こるのは学校が悪い。子どもが授業を理解できないのは、教え方が下手な先生の問題だ。成績が伸びないクラスは担任の責任。

生徒も保護者もそのような考え方になっていきがちです。

自律のためのリハビリテーション

実は、人間というのは生来的に、主体的に生きる力が備わっている生き物です。すべての人間が赤ちゃんの時には、主体的に生きるように生まれてきているのに、「あれをしろこれをしろ」「あれをするなら、これはするな」「もっといい教育環境を与えよう」等々と、大人たちが関われば関わるほど、逆に子どもたちは主体性を失ってしまいます。

いつの間にかサービスを与えられる存在になって、うまくいかないと人のせいや環境のせいにするようになってしまう。この状況は、とりわけ日本の学校教育に顕著です。

欧米、特にヨーロッパでは、幼児教育こそが大事だとされています。持って生まれた主体性をきちんと伸ばしながら、主体性を失わせない教育をすることが幼児教育を充実させる意味であり、これを小中高とずっと続けていくことが大切にされています。

今の日本が取り組むべき課題は、大きく2つあります。

まずひとつは、幼児教育から書き直していくこと。

つまり主体性を失わない教育に書き直していくのです。残念ながら多くの幼稚園では、例えば「人の話を聞く時は手を膝の上に置きましょう」とか、画用紙に色紙を貼りつける時は指先に「糊(のり)はあまりたくさんつけちゃいけません」とか、細かな箸の上げ下ろしの指導をしてしまっています。こうした数々のおせっかいの指導が子どもの試行錯誤の経験を奪いとり、最も大切な主体性を失わせていくことになるのです。

もうひとつの課題は、すでに主体性を失ってしまった子どもたちに対するリハビリテーションです。主体性を失って、生きる力の低下した子どもたちに対してのリハビリは後になればなるほど大変な作業になっていきます。

映画『みんなの学校』の舞台となった大阪市立大空小学校の初代校長で、僕の尊敬する木村泰子さんは、小学校1年生で入学してきた子どもたちのリハビリ作業に当たっています。

リハビリが終わるまで、だいたいどのくらいの時間かかりますかと尋ねたところ、1ヶ月と答えてくれました。

僕の経験では中学校1年生の段階でリハビリをする場合、自分で自分をコントロールできるようにするためには1年間はかかってしまう。

リハビリが高校の段階までずれこんでしまうとますます大変です。ある意味、従来型の教育の被害者とも言える子どもたちを受け入れる高校の設立に尽力なさっている方に、明蓬館（めいほうかん）高等学校理事長の日野公三さんがいます。作家の東田直樹さんの出身校、アットマーク国際高等学校も日野さんが立ち上げた系列の高校です。日野さんによると、こうしたリハビリには3年かかるとのことでした。

この話に関連して、「人材輩出企業」と言われる某社のエピソードを挙げたいと思います。多くの社員が途中退職し自ら起業してしまうことでも有名なこの会社には、チャレンジ精神旺盛な人材が揃っています。ところが、そんな同社でさえ、職場で求められる主体性のある社員として成長するまで5年もかかるそうなのです。

このように後回しにすればするほど、主体性を取り戻すのは大変なのです。

ただ、一度リハビリを終えた子どもたちが、簡単には主体性を失わないということは救いです。何事も自分で決めていく子どもたちは、成長のスピードがとても速い。本当に心から頼もしいと思えます。

生徒たちを当事者にするということ

学力向上やいじめ対策、安定した学級運営など、教育委員会や保護者や社会からたくさん要求されて「最優先事項」がどんどん積み上がっていく中で、教師はハウツーにすがって何とかしようとします。

しかし、本当にそれが正しいのでしょうか。

教育界の過去を振り返ると、例えばかつては町の本屋さんへ行っても、教育関連の本などほとんどありませんでした。特に、「教え方」を伝えるハウツー本なんて皆無でした。

もちろんインターネットもない時代ですから、先生たちは自分の頭で考え、悩みながら、生徒との接し方や教え方を自ら模索していました。自分の頭で「より良い教育とは何なのか」を思考し追求していた時代がありました。

かつて教師になる人間は、まず相当な量の教養と知識を身につけたはずです。その上で、いかに子どもたちに新たな知識を伝えて理解してもらうのか、それぞれが独自のノウハウを工夫しながら必死に考えて、教え方を練り上げていった過去があったと思います。

しかし、今ではハウツー本、情報が溢（あふ）れています。

朝会のやり方、子どもの名前の呼び方、学級の規律を保つ方法と、先生向けに書かれたマニュアル本もたくさん並んでいる。それを熱心に読んで真似をしようと頑張っている先生たちがいます。その意味で、学校は情報化社会になってからさらに問題が深刻になってきているようです。

「何のための教育か」という最も本質的な問いの部分は忘れられたまま、ハウツーを求める。そもそも学校をどういう場にしたいのか、何のための教育なのかを考えようともせずに、とにかく「何も問題が起こらない学校・学級をつくること」に邁進（まいしん）してしまう。

僕には、目的と手段を取り違えているように思えてなりません。

もし、「荒れた学校をつくらない」「安定した学級運営」という目標だけを達成するのだとすれば、実現させる手段はあります。

おおまかに言えば、２つの手段が考えられるでしょう。

ひとつ目は、子どもたちに何も考えさせず、「とにかく先生の言うことを聞きなさい」という管理を徹底することです。そして出る杭があれば叩く方法です。
先生の言うことを聞かない子どもには、規律や決まりで圧力をかける。それでも跳ね返してきた子どもに対しては、物わかりの良さそうな先生が出ていって子どもの気持ちをくみながらその場を取り繕っていく。

これでは、ちっとも根本的な解決にはなっていません。何より注目すべきは、指示を待ち、それに従うという指示依存の問題を生み出していることです。

指示されたことを適切にやり遂げる力も大切ですが、指示されることに慣れすぎてしまうと自分の力では動けない人間になってしまいます。

与えてもらうサービスに対して不満ばかりを言うようになり、遂には何かうまくいかないことがあるとその理由を他人のせいにしてしまうような人間になってしまいます。

もうひとつの手段。これは前者とは真逆の考え方です。それは、「学校は自分たちの社会だよ」ということを自覚させる方法です。

学校は誰のためにあるのか?

もちろん、先生のための集団や組織ではなくて、君たち生徒のためにある。

この学校という世界をどうするか。

先生たちは支援する人にすぎない。主人公は、君たちだ。だから自分の頭で考えてごらん。いろんな人たちがいてまとめるのはとても大変だが、どういう方法があるだろうか？

そのように、子どもたちを学校社会の当事者にする方法です。対話を通じて物事を解決していくように、子どもたちを教師が支援するのです。

手間も時間もかかりますが、何よりも学校のあり方を当事者として考えることになる。指示待ちとはまったく正反対です。

理想論のように聞こえるでしょうか。

しかし、僕自身が麹町中学で行った改革とは、まさにこうした取り組みでした。この方法で学校は確実に変化していきます。

生徒の自律をめざす麹町中での実践

赴任した当初、麹町中は生徒管理、特に生活指導が厳しい中学校でした。

それには理由があったのです。

麹町中にも過去、相当校内が荒れていた時代があり、問題を収めるために厳しい規則や管理を導入し現場を改善していった経緯があったようです。

朝礼に遅刻してくる子がいたら、一番後ろに並ばせます。朝礼の間、生徒たちは縦横きっちりと並んでずっと立ったまま話を聴きます。朝礼が終わって帰る時には行進して出て行く、という慣習もありました。その際、教員たちが服装をチェックして乱れている子には説教をします。男の子も女の子も髪型、制服、まさに頭の先から足の先まで全員がきちっと整えるように指導していました。

職員室のドアには、入室マニュアルが貼ってありました。中に入る時には「失礼します」「何年何組誰それです」「○○先生いらっしゃいますか」と言う決まりがありました。もし無言のまま入ろうとすると「名を名乗れ！」と注意される。

何から何まで管理が厳しい中学だったのです。

僕が着任してすぐ、金髪の子が1年生に転校してきました。

「校長、どうするんですか」と先生たちが動揺していましたが、「いいんじゃないですか」と僕は入学をごく普通に受け入れました。

すると周囲からたくさんの反発や疑問の声が上がりました。

我が校には服装について、きちんと決まりがあるのになぜ、というのです。

「保護者と本人が地毛だと言っているので、それでいいのではないか」と僕は言いました。金髪に染めていることは当然わかっていましたが、本人も保護者も地毛というのだから、と。「とにかく髪の毛のことは放っておきましょう。むしろ問題視したりしないようにしてください」と教師たちに伝えました。

なぜ僕がこう言ったのかについて、その当時の教員たちはなかなか理解できなかったようですが、髪型についてあれこれ言えば言うほど、ますます子どもたちは髪型が気になってしまうというパラドックスが起こるからです。髪型なんて気にしない子を育てたかったら、本当は髪型の注意をしなければよいのです。逆に「学校生活に関係のない髪型など気にするな」と注意すればするほど、意識はそこに集中するようになってしまいます。

つまり、問題は「大人が創り出している」のです。大人がそれを「問題だ」と言わなかったらそれはたいして問題にはならない。しかし「問題だ」と言った時から、それが問題になるのです。例えば「今は受験戦争だ」と言った瞬間に、「受験戦争」という概念が生まれてしまうのです。

正直に言えば、きちんと身なりが統一されている麹町中に金髪の子が入ってきた時、僕も感覚的には多少の違和感を覚えました。でもそれは私の感性にすぎません。教育者としての立場で冷静に考えれば問題視するほどのことではないのです。

しかし、麹町中のそれまでの指導は、「服装が乱れている生徒は学校推薦できない」など、いわば生徒を脅す手段になっていました。つまり、学校の規律が生徒に言うことを聞かせるための手段として存在していたのです。


厳しすぎる制服や身だしなみが問題視されるケースがありますが、僕は校則問題をわざわざクローズアップして生徒が闘うということに意味はないと思っています。

なぜなら、根底にもっと大きな問題があるからです。

例えば、「学校社会における自由とは何か」「自分の自由と他人の自由はそもそも両立しないこともある。とすれば、自分たちの学校社会を自分たちの力で治めるにはどうすればよいか」という問題です。そうした教育の本質について議論をした上で校則について徹底的に改革していくのであれば、大いに意義があると思います。

しかし、教育としての本質に触れずに、ただ表面的に「制服や髪の毛を規制すべきか、いや規制すべきではない」などと学校と闘うとすれば、あまりに時間がもったいないしエネルギーも無駄になります。

その闘い方では、子どもたちは闘っているようでいて、実は禁止している大人たちに作られた対立軸に巻き込まれてしまっているだけなのです。

僕は麹町中で、子どもたちが本当に自律しながら自らの手で学校をつくっていくことをめざしました。

生徒の喧嘩に遭遇した時、校長はどうする？

生徒たちの自律を促す教育をめざして、僕はさらに実践を続けています。舞台は麹町中を離れて、赴任４年目となる横浜創英中学・高等学校です。

一例として、ある「事件」を紹介しましょう。

もし、子どもたちの喧嘩（けんか）に遭遇し、「先生助けてよ」と求められたら――。

こんな時あなたが先生なら、どうしますか？

中学1年生のA君とB君は同じサッカー部の練習仲間で、いつも一緒に行動している友達同士です。

ある時、そのA君とB君が、学校の廊下でC君と言い争いを始めました。

口喧嘩から始まったいざこざが、徐々にヒートアップしていきます。

そこにたまたま女子のDさんが通りかかりました。

険悪な空気を察したDさんは、僕がいる校長室へ駆け込んできました。

「先生、廊下で男子3人が喧嘩しています!」

Dさんの心配そうな顔。校長としてはそのままにしておくわけにいきません。

僕は3人が喧嘩をしている廊下に向かいました。

「おいおい、ちょっと待ってくれ」と僕は間に入って言葉を発しました。

するとA君が、僕に向かって訴えてきます。

「こいつ、約束を守らないんですよ!」

すると、指を差されたC君も、すかさず反論してきます。

「でも、おまえだって前に貸した金を返していないじゃないか!」

「返さなくていいって、おめえが言ったからだろ!」

「そんなこと言ってない。じゃあ俺も絶対返さないからな」

喧嘩の内容は小学生レベルです。

おもちゃを貸した、返せ、返さない、といったどこにでもありそうないざこざです。ただ

「お金」が絡んでいるあたりが、いかにも中学生です。

それぞれが僕に向かって自分の正しさを主張しあい、その勢いは止まりません。

Ｂ君が僕に訴えます。

「先生、先に約束を破ったのはＣ君なんです。だから、ちゃんと責任をとらせないとダメだと思います」

友達のＡ君の側に立ったＢ君は、「何とかこの問題を解決してほしい」という目つきで僕をじっと見つめています。


実はこのエピソードは実際の話をもとに少し単純に脚色したものですが、生徒たち自身が当事者として解決すべきなのか考えてみてください。こんな時、校長は、生徒たちに対してどんな行動をとるべきでしょう？

一般的には、校長先生による仲裁が始まるのかもしれません。

「Ｃ君は本当にお金を借りたのかな。返すと約束したんだよね。それだったら、ちゃんと返しなさい」と促す。そして、

「Ａ君はどうだ？　Ｃ君に借りたものがあるんじゃないか？」

と筋道を整理し解決方法を示して、最終的に3人が仲直りをするように指導するでしょう。おそらく生徒たち自身も、校長の僕にそうした助言を求めていたのだと思います。

問題が起こったら、自力で解決する

しかし、僕は基本的に生徒の間に入って裁定することはありません。

もし、揉（も）め事があるたびに大人が割って入っていけば、子どもたちはどうなるでしょうか？

大人の発言や行動に、どんな影響を受けるでしょうか？

問題が発生するたびに大人の目を見て訴え、回答を与えてもらうことに慣れていくでしょうし、次第に大人を頼るクセがついてしまいます。

それではいつまで経っても自分たちで問題を解決していく力がつかないばかりか、上の立場の人の判断を待ち、それが期待どおりのものであれば喜び、自分の意に沿った結論でなければ、文句を言う。そんな他力本願の大人になってしまいます。

子どもたちには、問題が起こったらまず自分たちで解決するための手段を探していくことのできる、自律した大人になってほしいと僕は思います。

自分たちで生み出した問題は、自分たちで最後まで処理をする。そんな力を身につけてほしいのです。

当事者が問題に向き合い、話し合いによって課題を解決していく方法は、人が生きていく上で身につける基本中の基本だと僕は思っています。

ただしこの喧嘩の解決は、そう簡単ではなさそうです。問題はこんがらがったままで、本人たちに相手の話を聞く姿勢はゼロ、かなり険悪です。今にも実力行使に出て、とっくみあいになってしまいそうな勢いです。

僕に喧嘩のことを告げに来たＤさんも泣きそうです。

「君たちは、僕にどうしてほしいんだ？」

僕は、３人に聞き返しました。

「本当に、僕に仲裁をしてほしいのかい？」

校長を前にしているからか、とりあえず３人ともにうん、と頷いています。

「そうだとすれば、先生からも君たちに質問があるんだ」

そして、こう続けました。

「君らは今、中学1年生だ。横浜創英は中高一貫だから卒業するまでにはあと5年以上ある。この学校で一緒にその時間を過ごすんだよな。だとすると、卒業までの間、今みたいにいがみあったままでいたいのか、それともこんな状態は続けたくないのか。答えを聞きたいんだ」

僕は3人にそう問いかけたのです。

すると3人とも、喧嘩を続けたくはない、と言いました。

横浜創英中・高校で勉強したり遊んだりしている間はできれば争いごとはしないでいたい、というのが、共通の思いだったのでした。

「みんな、その点は同じなんだよね」と僕は念を押しました。

3人はまた頷いています。

「わかった。なら、どうすればいいだろう？　この争いごとをやめるためには、いったいどんな手段があるかな。そのことを一人ひとり、よく考えてみてよ」

その後は生徒たちに任せました。

スーパー・ティーチャーの落とし穴

生徒にしてみれば、それぞれが自分のことを振り返り、やり方を修正していくことを求められている。でも、自分の思いを変えることはそう簡単ではありません。「やっぱりこいつ許したくない」とか「むかつく、ぶん殴ってやりたい」という思いも胸の中にあるでしょう。それでも一人ひとりが自分の気持ちを直視して、どう収めていくのか考えねばなりません。３人それぞれが自分の感じ方を修正できなければ、「対立をなくす」という目的は達成できないのです。

生徒たちの間に必要以上に介入して、裁いてしまう先生もいます。自分のスーパー・ティーチャーぶりに酔いしれてしまって、自ら権力を行使していることに無自覚なのかもしれません。問題をより大きく複雑にしてしまう責任は、先生や学校を運営している大人たちにあります。

子どもの頃から対話をして合意を見つける習慣をつけ、自分たちの問題を自分たちで解いていく。それが、教育の意味であり教育に求められていることです。

校長には、率先して教育を推進していく重要な役割があります。大きな責任とともに、学校を本当の意味での教育現場にしていくことができる力があるのです。

このエピソードを通して考えてほしいこと。

それは、学校の役割とは何か、ということです。

僕自身は、学校とは「人間が社会の中でより良く生きていくことができる力をつける場」だと考えています。

だから、大人が子どもの喧嘩を率先して裁いてはいけないのです。

子どもたちがこの社会にはいろいろな人がいるという多様性を受け入れながら、自ら考え、自ら判断し、自ら決定し、自ら行動する力、つまり自律する力をつけていくことこそ、教育だと思います。

学校は、その手助けをする場であり、教師たちの役割はそれを支援することです。

残念ながら今の多くの学校は子どもたちが生きるための力を身につけていくような場所になっているとは、僕には思えません。

【コラム　校長の〝先生〟】1　大人の言葉の重要性に気づかせてくれた森俊夫さん

　僕が30代半ばの頃、参加した研修で忘れられない素晴らしい出会いがありました。東京大学助教・森俊夫さんとの出会いによって、僕の教師人生は大きく変わっていったのです。

　大人たちが良かれと思ってかける言葉によって、子どもたちは救われることもあれば、追い込まれることもある、と森さんはおっしゃいました。

「忙しいでしょ。疲れている？」と生徒に言葉をかけるとする。先生としては、親切な思いやりのある行為をしたように感じている。しかし、子どもはそのうちに本当に元気をなくしてしまう。

「受験勉強が大変だね」と無自覚にプレッシャーをかけて、とうとう子どもが潰れてしまう。

つまり、大人たちが無意識に発している言葉が問題なのです。取るに足らない問題をいちいち取り上げては言葉にし、それが「問題である」とすることが本当に問題を生んでしまう。森さんはそのことを、具体的なエピソードも交えながら僕に教えてくれました。

森さんは残念ながらすでに逝去されましたが、あの研修を受けた時の衝撃と高揚感は、今でも忘れられません。学校で起こっているさまざまな課題も、森さんの視点から考えると解決の道筋が見えてくる。あんなこともできる、こんなこともできると、研修を受けた後に興奮して1週間ほどよく寝られなかったほどです。

大人たちが子どもに対して良かれと過剰に手をかけたり、投げかけたりした言葉について、マイナス面をきちんと見定めておかなくてはならないと森さんは僕に教えてくれました。それは教育に携わるすべての教員たちに強く意識してほしいことです。僕は今でも教員たちにすぐに伝えられるようにと、校長室に森さんの本を置いています。

第2章　つねに最上位目標に立ち返る

教員間の意見が対立した時、校長はどうする？

しばしば理想のリーダー像として「責任だけ取ってくれて、部下に自由に物事をさせてくれる人」という声が聞こえてきます。

しかし、そんなのリーダーとしてまったくふさわしくありません。

なぜなら、部下が自由に行動するということは、それぞれが自分の成功体験とか、自分のそれまでの価値観に左右されて仕事を進めるわけで、結果、みんなバラバラの方向に向かってしまうからです。当然ですが、本来の目標を実現しないような手段も含まれてしまうことになります。

重要なのは、最上位目標をみんなが共有している状態です。学校のマネジメントを論じるにあたり大切なポイントは、最上位の価値や目標を教師みんなで共有していくことなのです。

以下、具体的なエピソードにもとづきながら、説明を進めていきましょう。

あなたなら、どうしますか？

部下たちの意見が対立する場面に遭遇したら。そして「何とか話がまとまるように仲裁してほしい」と求められたら――。

横浜創英でこんなことがありました。これもわかりやすく少し脚色してあります。

新しい年度へ向けて先生たちが教育計画について会議をしていた時のことです。これから採択するべき計画とは何か。やめるべき項目とは何か。話し合っているさなか、Ａ先生がこんな提案をしました。

「音楽鑑賞教室は、来年から廃止すべきだと思います」

Ａ先生によれば、毎年いやいや参加する子どもが複数いて、そうした消極的な生徒たちの親が高額の参加費を負担しているのは問題ではないか。いったん廃止して別の方法なども含め検証すべきではないか、というわけです。

それを聞いていたＢ先生が発言を求めました。

「いや、いきなりやめてしまうのは良くないと思います」

Ｂ先生の主張は、当学校で長い間続けてきた伝統的な行事であり楽しみにしている生徒もいる。なくしてしまうのは乱暴でしばらく継続すべきというものでした。

いずれの意見にも、なるほどと納得できる点があります。それぞれが思いつきでなく十分考えた上での発言です。

それから話し合いが続きましたが、平行線のままなかなか意見はまとまりません。だんだんに場の空気が重たくなっていきます。

こうした場面に遭遇した時、校長として仲介に入るとしたら、何をどう語ったらよいでしょうか。

時々、教員同士の対立を心配し、「相手の意見を尊重しながら、よく話し合ってください」といったアドバイスをする方がいらっしゃいますが、その方法では本当に両者納得のいく解決案が見つかりません。

「仲が良いチームだからうまくいった」は大間違い

日本社会では普段から周囲との和を大切にして暮らしています。仲間同士、力を合わせて問題解決に取り組むことを良しとし、また暗黙の了解にしています。

協調性という視点からすれば、日本らしく素敵な解決方法なんでしょうが、まったく頓珍漢な話です。

最大の問題は、話し合いが人間関係の折り合いをつけることにすり替わってしまっていることです。特に「和」を大事にすることを唱えている組織では起こりがちです。現実は、情緒的なこだわりを持っている組織であればあるほど、話せば話すほど違いのほうが際立ってきて、時には売り言葉に買い言葉みたいな感情的な応酬が生まれてしまい、しこりが残ってしまいがちです。議論下手と言われる日本人によく見られるパターンでしょう。

こうした組織では意見の対立が生じると、往々にして人間関係の中で何とか折り合いをつけようとします。仲介に入った人は「俺に任せて」「何とか説得しますから」と調整に乗り出す。結果として、誰かが我慢をして意見を引っ込める。納得していないのに相手の意見を呑むことになれば、それが次のしこりとなり、対立の火種にもなりかねません。

たまたま誰かネゴシエーションの上手な人がいてその調整力に依存すれば、その人がいないとまとまらないということにもなります。校長は本来、その役割を引き受けるべきではありません。

和とかチームワークが大切だというのは、感情を問題にしてそこを上手にやりくりしましょうということですが、実は感情を問題にするからこそ、きちんとした議論ができず結論が出せないのです。「仲が良いチームだからうまくいった」というのは一見正しいようでいて、この発想こそがとんでもない間違いなのです。

本来、一人ひとり、感じ方や考え方は少しずつ違います。違っていて当たり前です。育った環境から学び働く環境まで、すべてが「別の人格」なのですから。

だからそれぞれが完全にわかりあえたり、意見がぴたりと重なりあったりすることなんてありません。プロの集団が物事を決めていく時には、それを前提にすべきなのです。

原点に立ち戻る

さて、意見が嚙み合わない議論の場で、校長の僕はどのように対応するでしょうか。

「二人の意見が対立しているように見えますが、実は対立なんてしていませんよ」

と僕は会議の参加者に向かって伝えます。

「A先生もB先生も、互いに生徒たちのために良かれと思って発言をされていることですから、上位の目標では一致しているということです。対立があるとすれば、ずっと下位の手段にこだわっているだけです」

二人の先生は「状況を改善しよう」と考えている点で同じである、ということを僕はまず参加者に共有してもらいます。つまり上位のところで「一回握手できている」ということを二人に自覚してもらうのです。

次に、「方法が違うのだとすれば、どこがどう違うのかを冷静に見てみよう」と問いかけます。

そして、校長として一番大事なことを促します。

それは、原点に立ち戻る、ということです。

つまり、我が校で最上位の目標とは何だったのか。それをみんなで確認するのです。目標は「生徒を自律させる教育を提供すること」「多様性を身につけさせること」そして、最優先されるべきは、子どもと保護者。

では、この最上位目標へと近づくために、２つの意見のどちらがよいだろうか。

先生たち自身にあらためて議論をし直してもらいます。

先生たちがこうしたいとか、あれをやめたい、ということよりも優先すべきなのは子どもと保護者であり、改革をすると何がどのように良くなるのか、目標の実現に向けてどのような利点が得られるのか、ということを検証していくのです。

さて、さきほどの会議のゆくえはどうなったと思いますか？

「音楽鑑賞教室に参加したいかどうか」を子どもたちそれぞれに主体的に選択してもらい、参加希望者を学校が責任をもって連れていく形であれば、実施してもいいんじゃないか、という新たな方向性が出たのです。

校長は感情に訴えかけるな

僕が強調したいこと。

それは、組織を成長させるためには「感情に呼びかけてはいけない」ということです。時々、熱血派のように見られる僕が言うのもなんですが、校長はつねに自らの感情をコントロールして、基本的には感情に訴えないということです。

校長の役割は、感情的な対立を回避し議論の参加者が一人ひとり当事者として納得する結論へたどり着いていける環境を整えることです。

そのために、最上位の目標を確認し、そこに合致しているのかどうか、ずれていないかどうかを問うこと。つねに生徒の立場から生徒にとっての利点とは何か、について考える思考パターンを何度でも提示します。

もちろん最初からすべてうまくは回りません。組織が成長していくためには、参加者一人ひとりが当事者となって、トライアンドエラーを繰り返すことが必要になります。逆に失敗させることこそが大切です。小さい失敗ができる組織こそ、大きな失敗を起こしません。もちろん時には選択を間違えたことにより、学校運営に少なからず影響を与えることがありますが、大きなリスクにならない失敗は、体験を通して課題を理解し解決力を伸ばすチャンスになります。反対にトップである校長がいつも答えを示してしまうようでは、人材も組織も育ちません。

ただし、校長として声を大にして絶対に「ＮＯ」をつきつけるべき時があります。それは、子どもの人権を無視したり、暴力やケガのリスクがあったり、最上位の目標からはっきりと外れたりした時です。

さまざまな意見があっていい。それを許容する一方で、絶対に間違っていることにははっきりと即座に「ＮＯ」と言う。それも校長の仕事です。

教師間で、生徒対応になぜブレが生じるのか

基準があれば、生徒の間で問題が起こるたびに、先生一人ひとりによって対応がバラバラになってしまうことも少しずつ減っていきます。

何のためにどこをめざしているのかが共有されれば、小さな違いにこだわることもなくなるのです。

学校に限らず、複数の人が集まって仕事をこなす組織であるなら、めざす最上位の目標が何であるかを決めることが何よりも大切です。

それが明確になっていれば、ブレません。

くり返しになりますが、そもそも先生も生徒も一人ひとり、感じ方、考え方が違います。だから組織としての合意がしっかりできていないと、一人ひとりの対応に違いが出て、組織としてもブレてしまいます。

何か問題が発生した時に、教師たちが迷わず優先順位に基づいて判断し対処できるようになるためにも合意形成が大切です。

ところが残念なことに、日本の社会はそうした最上位の目標を見つけ出し合意を形成することがとても苦手です。多くの組織あるいは学校では、目的・目標が明確になっていません。というより目的や目標がありすぎると言ったほうがよいかもしれません。そして、その中から自分のお気に入りの目的・目標にそれぞれがこだわりを持っているという状況です。優先すべき目的・目標を理解していない人は、ちょっとした意見の違いにこだわって、感情的に対立してしまいます。

生徒たちを管理することが優先され、目的となってしまっている学校は、全国各地、ざらにあります。多くの学校が文部科学省が示す学習指導要領を実現することばかりに注目し、もっと上位にある何のための教育かという最上位の目標をなおざりにしたまま、管理するという手段ばかり厳密に実行しているのです。

何のために教育をするのか。そのためには何が最も大切な最上位目標なのか。

その目標を実現するために、どんな手段を選べばよいのか。

目標を実現するための手段がまた次の目標に変わっていき、それを実現する手段を新たに決めていく。仕事とは、そうした構造になっていなければいけません。

例えば、みんなが「暮らしやすい国をつくりたい」という最上位の目標があり、そのためにどんな手段が必要かと考えて、「人を育てる教育を大事にする」などという手段が決まり、手段としての教育を実践していくわけです。

つまり、一番上の目標で合意さえできたら、その目標がひっくり返らないようにすればよく、今行っている手段が上位目標を損ねてしまうようであれば、改めなければなりません。しかし、残念ながら教育の世界では、いつの間にか下位の手段ばかりに目を奪われ、手段そのものが目的となってしまっていることばかりです。

「知育・徳育・体育」は適切な目標なのか？

校長であれ企業の経営者であれ、およそトップが組織を動かす際、目標設定というものがどれほど重要なことか、残念ながら認識の浅いケースが目立ちます。

企業なら社長が立てた目標を実現するために、部下たちは手段を考えるわけですが、そもそもこの目標を良しとしない集団が一部にいたとしたら、この人たちは目標を実現するための手段を考えることはできません。せいぜい、適当に社長が喜ぶような行動を取って、体裁を取り繕う程度でしょう。

ですから、全員が腹落ちする目標を最上位に掲げていなければ、組織は最初の段階から崩壊しているのです。残念ながら、日本中の多くの校長たちは安易に目標を立てすぎています。例えば、学校の目標を設定する際、なんとなく惰性で行う校長がほとんどです。一番わかりやすい例が「知育、徳育、体育」という目標を一番上に立てたがる人たちです。この目標を実現することが、本当に大事なのでしょうか。実は、知徳体は最上位の目標ではないのです。知徳体よりも重要なのは、主体的に生きる力です。世の中を自分の力で歩んでいける力を、子どもたちに身につけてもらうことです。

第１章でも触れましたが、子どもたちはサービスを与えてもらうことが当たり前になっています。だから、勉強ができるようになるためには、より良いサービスを求めなければいけないのだと勘違いしています。本当は自分の力で学んでいくことができる人間にならなければいけないのに、自分の力を伸ばすには良い環境が必要なのだと勘違いしてしまっているのです。そして、うまくいかないと人のせい、環境のせいにするわけです。

知徳体は、主体性を失わせないで実現しなければいけないのに、知徳体を強調すればするほど、子どもたちの主体性は失われていくというパラドックスです。

もっとひどい例を挙げると、やたらと「うちの学校は挨拶を大事にしています」という校長です。すると、教員たちは朝の挨拶運動を始めたり、始業・終礼の挨拶にこだわり始めたりする。もちろん、それを受け入れられる子どもたちもいるけれども、嫌悪感を持ったり違和感を抱いたりする子どもたちが一定数いることは見過ごせません。発達に特性のある子どもたちの中には挨拶がうまくできずに、やたらと叱られる機会が増えてしまうケースも出てくるかもしれません。

はたして挨拶ができることが、本来の目標であるはずの自分の力で歩んでいくことにつながるのでしょうか。

教員たちはしばしば「世の中は厳しいぞ。挨拶もできない人間なんて、とても働けないぞ」と言いますが、よく考えてみれば、発達に特性があって挨拶ができないとか、人の目を見て話ができないという人でも、その人たちが活かされる職場は必ずあります。いまだに学校では頭髪や服装が乱れていて叱られる子どもたちもいますが、今の世の中、髪の色や形が問題になることなど、ほぼありません。

「忍耐力がなくて、世の中を歩いていけると思っているのか」と言う教員もいますが、自営業をはじめ1日3時間ぐらいしか働かない職場だってあります。ですから、全員に成り立たないことを平気で一律に学校として強制してしまう教育というものが、どれほど暴力的であるのか、校長は知っておかなければいけません。

日本の教育の最大の欠点とは？

日本の教育界に最も足りないものは、教育の目的の合意です。

「何のために教育をするのか」といういわば最上位の目標を、社会も国民もきちんと合意したことがない、ということです。

教育の目的も目標も明らかにしないまま、各論に当たるテクニックばかりを細かく論じていても仕方ないのではないか、ということです。

教育の目的とは何か。

それを定めた法律があります。教育基本法です。第1条には「教育の目的」がこう記されています。

「教育は、人格の完成を目指し、平和で民主的な国家及び社会の形成者として必要な資質を備えた心身ともに健康な国民の育成を期して行われなければならない」

文科省のウェブサイトに「人格の完成」とは「個人の価値と尊厳との認識に基き、人間の具える（そなえる）あらゆる能力を、できる限り、しかも調和的に発展せしめること」（「教育基本法制定の要旨」昭和22年文部省訓令）と解説があります。

現在の教育基本法は２００６年に改正されたものですが、右の第1条にある「人格の完成」の意味は、昭和22年に考えられたものと大きな違いはありません。

おそらく「人格」というのは明治時代に考えられた言葉だと思います。当時でもその言葉の意味が誰にでも伝わったとは思いませんが、今の社会においてもやはり伝わりにくいですよね。逆にこれを理解できない国民が問題なのでしょうか。どのような意味を示しているのか、一般の人々がわかる言葉にする必要があると僕は思います。

続いて「平和で民主的な国家及び社会の形成者として必要な資質を備えた」という文言が来ます。これについては前述の言葉に比べればいくらかわかりやすく感じます。

そして「心身ともに健康な国民の育成を期して行われなければならない」とありますが、教育においてめざすべき「心身ともに健康な国民」とは、どのような国民でしょうか。

同じ人であっても健康ではない時があります。生まれながらの特性として、一般的な「健康」とは違う状態の人もいます。病気や障害がある人はどうでしょう。今の時代、「健康な」という言葉は、どのように映るでしょうか。

もし、健康でないと教育の目的が果たせないのだとすれば、差別にもつながってしまう恐れがあります。もし差別をしていないのだとすれば、言葉を選ぶか説明を尽くす必要があるように思います。

このように、国民の代表、いわば国民自身が定めた教育基本法ひとつとっても、国民一人ひとりが本当に当事者になりきれていない現実があるように僕は感じています。

とはいえ、つねに校長はこうした規定や根拠に立ち返ることが必要です。この点は次の第3章で詳しく論じていきます。

学校の「最上位目標」とは？

教育にとって「最上位目標」の設定がカギだということが、おわかりいただけたでしょうか。少し抽象度が上がったので、ここからしばらく、再び僕の経験にもとづきながら説明を進めていきましょう。

僕の麹町中就任当初に時計の針を巻き戻します。

校長になったからといって、理想を掲げてすぐにその学校を変えていくことはできません。やり方を間違えれば大きな反発を生みかねません。まずは新しい環境を理解していくことから始めなければならないのです。何よりも「現場を徹底的に知る」ことが大事です。

僕自身も麹町中学に校長として赴任した時には徹底したリサーチが必要だと考えました。

しかし、校長の任期は東京都ではせいぜい5年程度しかありません。リサーチばかりしていては改善、成長させることはできません。そこで最初の大がかりなアクションは夏休みと定めました。始業式を終え、一度学校運営がスタートすると、教員たちの日々の生活はあまりに多忙すぎて、会議ひとつまともにできないからです。

夏休みまでにこの学校のことを可能な限り情報収集し、課題を分析しました。

多くの職員、生徒、保護者、PTA組織、教育委員会、同窓会、地域議員など、学校に関係するさまざまな人たちと話をしたり付き合ったりしました。そうは言っても早急に進めなければならない大きな問題がありました。教員たちの人権感覚の低さです。

日常的に教員たちのどなり声がそこら中で聞こえてくるのです。それらのケース一つひとつを知れば知るほど納得のいかないものがほとんどでしたし、残念なことは教員たちのその行為がどれも良かれと思ってやっているということだったのです。ダメなものはダメ、毅然と叱ることが大切、教員全員で徹底して叱る。子どもたちになめられないために叱る、叱る。まるで「叱ることが仕事」であるかのようでした。生徒たちと教師たちの真の信頼関係は僕には正直あまり感じられませんでした。力の強い先生が子どもたちを牛耳り、子どもたちはゴマをする。そんな姿がそこら中で見えました。

学校の状況が少しずつ見えてきた頃合いを見計らって、教師と生徒たちの人権感覚を揺さぶるために全校朝礼でこんな問いかけをしました。全校の生徒たちに向かって「この中でどれが一番悪いことだと思いますか？」と尋ねたのです。

①コンビニで万引きした
②下校時に雨が降ってきたので、玄関にあった誰かの傘を黙って持ち帰った
③学校にお菓子を持ち込んで食べた
④放課後、係の仕事をさぼって黙って下校した
⑤授業中に隠れてマンガを読んだ
⑥４階の教室のベランダの柵にまたがって友達と遊んだ

⑦授業を勝手に抜け出した
⑧クラスのある生徒を「お前は障がい児だ」と馬鹿にした
⑨授業中に寝た
⑩ひとりの友達を数人で無視し続けた
⑪友達と喧嘩して殴ってケガをさせた
⑫深夜、友達と公園で大騒ぎして近隣に迷惑をかけた
⑬違反の服装で登校した

「コンビニで万引きした、が一番悪いことだと思う人は？」

生徒のほぼ全員が手を挙げました。中には手を挙げない子どももいましたが、それは他にもっと悪いと思う項目がある、という無言の意思表示だろうと思いました。

続けて、「2つ目の、下校の時に雨が降ってきたから人の傘を持って帰った、というのはどうかな？」

すると、挙手の数が少し減りました。

3つ目、4つ目、と順番に問いかけていくと、パラパラと手が挙がったり下がったり。

そこで僕は言いました。

「面白いでしょ！　最も悪いと思う内容は、人によってずいぶん違うよね」

つまり、自分の価値観と他の人の価値観は決して同じではない、ということを肌身で実感してもらいたかったのです。人は迷ったり悩んだりします。判断しなくてはならない時に参考にするのは、それまでの習慣とか過去にこうだったという自分の経験です。それを基準にしか考えることができません。だとすれば人によって違いがあって当たり前なのです。

この問いかけをした相手は、実は生徒だけではありません。この全校朝礼以前に全教員を対象に行っていました。

その結果は生徒たちと同様に、一人ひとり先生によって悪いと思うことが微妙に違いました。当然ですが、同じ学校で教えている教師同士であっても、価値観は人によってバラバラです。だから、指導に対する感覚も一人ひとり違うことになる。

はっきりとそのことが目に見えるようにしました。

せっかくみんなで「違い」を認識したのです。しかし、これが目的ではありません。

僕が本当にしたかったのは、その中で「優先順位をつけて、何をみんなで共有する一番の目的にするか」ということでした。

麹町中として、何を第一の目的にするのか。

どれを「一番悪いこと」とするのか。

この学校はどんな価値観を持つのか。

それを明確にしてこそ、麹町中学としての方向性が定まります。

僕は教員たちに、自分の意見を表明しました。

「僕が一番叱りたいのは6番の、4階の教室のベランダの柵にまたがって友達と遊んだということです」

理由については命が一番大事であり、命に関わることについては何よりも優先して指導するべきだと説明し、その次に人権が絡んだり犯罪に関わること。そうした問題に対しては真剣に指導すべきだと続けました。

こうして一番悪い行為をはっきりさせることで、学校として守るべきことの優先順位が見えてきたのです。

「違反の服装で登校した」と「誰かを殴ってケガをさせた」、この2つの項目を同等に叱るのはやはりおかしい。そのことに気づくことになります。当然、後者の「殴ってケガをさせた」ことを重視し指導することが大切ですし、前者はむしろ、どうでもよいことかもしれないと実感できるようになります。

麹町中としてめざすことが明確になり、優先順位がわかってくると教師たちに変化が起こります。

「麹町中にとっての最上位の価値は、命を大切にすること」

そして、「人権を守ること」。

みんなの中で最も大切な価値が共有されました。

もちろんそれはスタートにすぎません。教員たちは日々悩み始めることになるからです。日常の中で叱り方を実際にどう変えればよいのか。これは想像以上に大変なことだからです。教員一人ひとりの教育観、価値観に揺さぶりをかける。これも校長の大切な仕事です。

体育祭からリレーをなくした生徒たち

さらに事例を挙げながら、「最上位目標」を設定するとはどういうことかについて、説明を続けましょう。

赴任した当時の麹町中では、運動会の競技は先生が決めた種目を生徒に行わせていました。

生徒たちに自由があるとすれば、学年の種目だけでした。

1年生は「台風の目」という、棒を持ってグルグルと回る競技を行っていました。3年になるとクラス全員、大縄で結ばれたムカデ競走。そういった伝統的な種目がすでに決まっていて、どのクラスも優勝をめざしてみんなで一所懸命、朝練をやったりしながら、技術をあげて勝負する。当日は多くの子どもたちが勝って泣き、負けて泣く。

青春ドラマ風のストーリーでした。

しかし、学校経営的に考えればこの教育活動には大きな問題があります。

そもそもどのクラスも優勝をめざして取り組むわけですから、優勝した1クラス以外は目標が実現しない教育活動だということです。5クラスあれば4クラスが、10クラスあれば9クラスが負ける教育活動です。言い方を換えれば、ほとんどのクラスが失敗する行事です。

中には練習がうまくいかず、友達同士が仲違い（なかたがい）し、クラスがバラバラの状態になったりもします。運動が苦手な生徒の中には、馬鹿にされたり責められたりするのがいやで登校をしぶるようになることもあります。スポーツは楽しいよと教えるはずの運動会が、生徒によっては苦痛を与えられるものになってしまうのです。これがきっかけで、人間関係がボロボロになる子どもたちすらいます。

しかし、教員の中には「それこそが人生の学びであり、勝つという目標をめざして団結して、たとえ負けても努力することこそが教えるべき大切な教育だ」なんて、もっともらしいことを述べる人がやたら多いのが実態です。

でもそれは真実でしょうか。教員たちにスポーツのあるべき姿を考え直してほしいのです。

そこで僕はすべての子どもたちにとっての学びの場にすべく、強制的に団結を強いるこれまでの運動会を小手先で改善していくのではなく、新たに民主主義を学ぶ教育活動として生徒たちにこう伝えました。

「運動会はやめよう。生徒たちのお祭りとしての体育祭にしよう。どんな体育祭にするか、その決定権を全部君らにあげるよ」と。

当然、生徒たちは大喜びですが、これまで決定権をすべて委ねられたことなんてありませんから大変です。子どもたちはいったい何をどう始めればいいのか、はじめはまったく見当がつきませんでした。

僕は生徒会のメンバーを校長室に呼び集め、他の学校ではどんな体育祭をやっているのかを調べてみよう、というところから始めました。

日本No.１の進学校として知られている開成中・高の体育祭は有名で、１年間をかけて生徒たちがすべてを準備をしていくそうだ。また、都立で有名なのは小山台高校で、伝統の運動会みたいなのがあるらしいなど、いくつかの情報をもとにインターネットで準備や運営方法などを調べることから始めました。

僕はそこで大事なミッションをひとつ、与えたのです。

「競争が大好きな生徒は思い切り競争し、それがいやな子はそれをしなくてもいいことにしよう。とにかく生徒全員を楽しませて！」

運動が好きな子も苦手な子も一人残らず、誰一人として置き去りにしないように、という最上位目標です。

この考え方のもとに、生徒たちが行う体育祭の試みを1年目、2年目、3年目と続けていったのです。

最初は先生たちがかなりフォローしましたが、1年ごとに少しずつ生徒たちができることを増やしていきました。

当初、言われたことしかできなかった生徒たちが、次第に企画から運営、練習、本番の運営までのすべてを手がけるようになっていきました。

結果としては4年ほどかかりましたが、とうとう準備から運営までのすべてを生徒たちが行うようになりました。

たった15人の反対意見をどう扱ったか？

まず、「クラス対抗戦をやめよう」ということを決めました。勝った負けたと喜んでいるのは悪くはないが、たかが勝ち負けで明日からの生活に影響されるほどのものにしてしまうのはやめよう、と決論を出したのです。

そこで実行委員の生徒たちは、３学期に1年生と2年生に「あなたは運動が好きですか嫌いですか」というアンケートを取ったのでした。そして回答を集計しそれぞれ名簿を作り、「好きな人」と「嫌いな人」、それぞれを全体で２つのチームに分けたのです。

春になり新入生が入学してくるとまた同じアンケートを取って、２つに分けて、学校全体で東軍・西軍を作りました。

どちらにも運動が好きな子、嫌いな子が同じ数だけいる、いわば１日限りのチームです。だから後腐れもありません。

「全員を楽しませる」という目標を実現するために生徒たちが行ったことを紹介します。

彼らは運動が苦手な子どもたちのために、めちゃくちゃ楽しく遊べるような競技も作りました。

ダンスをしたい子はチームを作って一所懸命練習をする。それぞれが出たい種目を選択できるようにしました。もちろん服装・頭髪も自由です。顔にペイントしたりサングラスをかけたり、日焼け止めを塗ったりと、まさにお祭りのような盛り上がりになりました。

そう、体育祭というのはそもそもお祭りです。

一方で、運動が得意な子どもたちのためには、朝練をしたくなるようなハードな競技なども準備しました。お仕着せではなくて、まさしく青春ドラマのような感動が生まれてきました。

やらされる体育祭から、みんなで楽しみながら盛り上げることのできる体育祭に変わっていったのです。

もちろん困難は山ほどあります。練習日程も練習方法も当日の進行も準備もそこで起こるすべてのトラブルも、何もかも生徒たちが自ら解決していくのですから、大変さは運動会だった時代とは比べようがありません。すべてを全員が楽しめるということを目標にして進めていくのですから。

中でも全員リレーをやるかやらないか、その決定プロセスは象徴的な出来事でした。

3年生にアンケートを取ると8割が「全員リレーをやりたい」と回答。その他は1割が反対、1割はどっちでもいいというものでした。

つまり、「やりたくない」と意思表示をした人が、数にして15人ほどいたのでした。

この15人をどう捉えるか。

後日、生徒会長が卒業式の時のスピーチでこう語っていました。

「もし、賛成が100パーセントだったなら、僕たちは全員リレーをやったと思います。でも結果は違いました。話し合いをした結果、僕たちは全員リレーをやらないという結論を出しました。それは僕たちのゴール（目標）『全員が楽しめる体育祭』を実現させるためです」

全員リレーをやりたくない理由は、女の子に抜かれて嫌だとか、運動が苦手で苦痛とかさまざまです。それはそれで当人にとっては切実な事情です。

全員リレーがあるから体育祭が楽しめないのだとすれば、最初に設定した最上位目標「全員を楽しませる」ということには合致していない、と生徒たち自身が判断したのでした。つまり、運動が得意な子たちは思い切り競争ができるし、苦手な子は遊べて楽しい一日になる。という次第で、「全員が楽しむ」という課題を工夫しながら実現したのでした。

最上位に据える目標は全員がＯＫしたこと。誰かを切り捨てたり、誰かが我慢しなければならなかったりするのは民主主義的ではない——そう生徒たち自身が判断したのです。

生徒たちは、生徒全員が楽しめる体育祭をまさに作り上げたわけです。

課題を解決する力がつくということで、それ以後何かに迷った時、自分にとっての最上位目標は何なのか、ということを考えて対処できるようになりました。それは学校に限りません。どの分野、どの国へ行っても、困った時には自分で考えて解決していく力を身につけていく人になります。

宿題を出さない理由とは

子どもたちは、学校を卒業すると社会の中でいろいろな組織や規則の壁にぶつかることになります。それを前提に、これまでの学校は、一定の制約の中で生活することを子どもたちに強いてきました。「そんなことでは厳しい社会じゃ通用しないぞ」などという教員たちの言葉が象徴的です。しかし、これも真実なのでしょうか。

むしろ、大人に言われたことを鵜呑み（うの）にすることなく、自由な中で一度自律というものを学び取った子どもたちこそ、社会に出てから全然困らないのです。たとえどんなに組織が硬直していても、くだらない規則があったとしても、逃げることなく真正面から対処できるのです。

なぜなら、彼らこそ問題が起きている原因がわかるからです。その原因をきちんと言葉で捉えて説明できるからです。

「麹町中にいた子が高校へ進学したらきっと苦労するよ。むしろかわいそうだ」。ネット上でそんな批判めいたことを書く人もいましたが、それは本質をわかっていないからです。

服装が自由で金髪だった子が、規則の厳しい学校へ進学したとしても、実は全然へっちゃらなのです。どんな服装をするかなんて生きていく上で最重要ではない、という根本を理解しているからです。

たとえ服装を厳しく制約する学校があったとしても、その規則を変えるために学校と全エネルギーをかけて戦うことはしないと多くの卒業生たちが語ってくれました。服装へのこだわりは自分の中の一部で、その主張にエネルギーを使うよりもっと大事なことがある、とわかっているからです。自分にとっての優先順位は決まっているので、特別にそのことにこだわらないのです。

「思ったとおり厳しい学校でしたが、僕が進学した理由は別にあるのでしょうがないんです」と、僕に愚痴をこぼしつつも笑いながら受け流している卒業生もいました。その生徒にとって、その学校に進んだ理由や意義が明確なのです。

服装の規制だけではありません。

宿題や定期テストを廃止したのも、「自律」を促すための手段のひとつです。これは、麹町中の校長4年目の実践です。

「宿題を出さない」と聞くと、皆さんショックを受けるようです。いきなり頭を殴られたみたいな感じなのでしょう。

しかし、そもそも僕が子どもの頃を振り返ってみると、大量の宿題なんか出されませんでした。大量の宿題が出されるようになったのは、学校の評価が相対評価から絶対評価に変わってからです。特に評価方法が観点別評価に変わり、関心や態度、意欲というそもそも数値化しづらいこと（非認知スキル）の評価が求められるようになったことで、宿題の量が増えてきたのだと思います。宿題の提出状況で関心や意欲を評価すること自体、文科省が求めていることとはまったく違っていますが……。

宿題を出されても、ちっとも重荷ではない子どももいますし、とても大変になってしまう子もいます。

例えば、１回見ただけで簡単に内容を覚えてしまう子どもがいます。東大に入った方々の多くが、個人の特性として情報処理や記憶能力が高いのは容易に想像がつくはずです。

その一方で、現実には何度見て学んでもすぐ忘れてしまうという子どもが大勢います。

その両方に同じ分量の宿題が出されます。処理能力が速い子どもにとっては、どうってことありません。どれだけ課題を与えられても短い時間で処理できるので、１日24時間のうち、自由時間もたくさんとれます。

しかし、同じタスクを与えられ、処理スピードが遅い子どもにとっては、とても大変です。いくら頑張っても終わらないので、自分の自由時間を削らなければならなくなります。

子どもたちは宿題を提出しないと自分の成績が悪くなるわけですから、大量に宿題が課された子どもたちの行動パターンは明らかです。できるだけ宿題を短い時間で終えるため、宿題の「わからないところ」を飛ばして「わかるところ」だけを勉強するようになります。おわかりだと思いますが、「わかるところ」だけを勉強する子どもたちの学力は、基本的に伸びません。つまり、結果として時間だけ奪われて学力がつかないという、最も非効率な学習習慣が身につくことになるわけです。

そもそも学校が宿題を課すのは、何のためなのでしょうか。

「通知表の成績をつけるため？」

それとも「生徒に学習習慣をつけさせるため？」

多くの教師がこんな本質的な問いでさえ、考えなくなっているように僕は思います。

「学習習慣をつけさせるため」という、さももっともらしいことを主張する教師の中には、宿題を子どもたちに課すたびに「わかるところだけやってきて。わからないところは飛ばしてきていいから」なんて指示する方までいます。僕は情けなく思ってしまいます。乱暴な言い方に聞こえるかもしれませんが、「学習習慣が大切だ」というフレーズさえ、僕には正しいことなのか疑問に思えます。

今、日本は急激な人口減少という大きな社会問題を抱え、労働力不足が切実な問題としてクローズアップされています。この問題を解決するために最も重要な視点が「労働生産性」を上げ、効率的な働き方を実現していくことですが、残念ながら日本の一人当たり労働生産性は、ＯＥＣＤ加盟38ヵ国中31位（日本生産性本部「労働生産性の国際比較２０２３」より）と、先進国の中で最低レベルの労働生産性というのが実態です。

今、国をあげて労働生産性を向上させる取り組みを行っていますが、なかなか改善が進まない最大の理由が、大袈裟に言えば日本の学校の宿題の多さにあると僕は思います。つまり、一向に労働生産性を上げることができない大人の姿は、すでに小学校時代にできあがってしまっているのです。

話を戻すと、麹町中で宿題をなくして特に喜んだのは中学3年生の生徒たちとその保護者たちでした。宿題が受験勉強を邪魔していたからです。もし、逆に「うちの子は宿題が出ないから勉強しなくなりました」と主張する保護者の方がいらっしゃったら、こう言ってあげたいものです。

「自分がうまくいかないことがあると、すぐに人のせいにして生きていく大人になりますよ」と。

中間・期末テストの廃止へ

定期考査をなくそうと考えたのは宿題と同様で、最上位の目的を達成するための手段として適していない、と感じたからです。

中学生の時は、定期考査が近づいてくると、皆さんプレッシャーを感じたのではないでします。

ょうか。1週間前になって付け焼き刃で、何とか遅れを取り戻そうとにわか勉強をすることになる。テストに出そうな部分にヤマを張って、一夜漬けで頭に叩き込んだ人も多いと思います。

そして、テストが終わったらきれいにすっかり忘れてしまう。

最上位の目的とは、「学習の成果を持続的に維持すること」ですが、定期考査を実施したからといってなかなかそうはいきません。

単なる暗記でも、「点数を取る」という目的なら、何とか達するかもしれません。しかし、それでは意味がありません。テストの結果を根拠にして学力を測ったり成績をつけたりすることに対しても、僕らは疑問を感じていました。

そこで、麹町中に赴任した2年目に、まず1学期の中間考査を廃止しました。

一人ひとりが自律した学びができるようになるために大切なことをいくつか挙げると、まずは何を勉強する必要があるのかを自分で考え、気づくことです。そして次に「何がわかって」「何がわからないのか」を認識することです。そして最も重要なのが、「わからないもの」について、自分で調べてみたり、他人に聞いたりするという行動を繰り返しながら、疑問を解決する方法を身につけていくことです。僕らはそうした学びを身につけさせたいと考えました。

中間考査の撤廃は、２００２年に週５日制が完全導入されて以来、授業時間の確保を目的に他の学校でも行われていたので、これは割と問題なく移行しました。しかし、ここからが大変でした。

教務部の教員たちはテストをどのような形で行えば、自分で勉強したくなるのか、そしてその努力をどのようにすれば、成績に反映してあげられるのか、試行錯誤することになったのです。

その主な考えを羅列すると、

①テストは成績をつけるために行うのか、本来、生徒が自ら勉強したくなるために行うのではないか。

②広範囲でたくさんの課題を一気にこなす定期テストでは、理解度の速い子どもたちには適しているが、ゆっくりと理解していく子どもたちは不利。

③瞬間風速を計測するかのように、その時点での学力を学力として判断していいのか。極端に言えば年度末の時点で理解していれば、その子の学力としてもよいのではないか。

④なぜ、平均点を出す必要があるのか。結果として劣等感を生んでいるだけではないか。
⑤テストを行ったことにより、自分のわからなかったことが明確になり、それを解決していくことが大切なのではないか。過去の自分と未来の自分を比較するようなしくみは作れないのか。
⑥だとすれば、何回もテストをやってあげれば意欲が湧くのじゃないか。でもそんなことをすれば教員の負担が増えてしまうことになる。

など、さまざまなことが検討事項にあがっていきました。
結果として提案された基本的なアイディアが次のようなものです。

①定期テストは廃止し、学習内容のまとまりごとに単元テストを行う。
②単元テストは国語、社会、数学、理科、英語の5教科に限定する。
③単元テスト終了後、希望すれば再テスト（問題は同じではない）を複数回行う。

しかし、実現するためのしくみ作りは、簡単なことではありませんでした。

単元テストはどの時間帯で行うのか。すべての学級一斉で実施することは可能なのか。特に再テストは希望者のみを対象とすることから、どの時間帯に実施するのか。再テストを複数回実施することは可能なのか。その場合、再テストの問題作成と採点における教員の負担増への対応はどうすればよいのか。

解決しなければならない課題は山ほどあり、恒常的にすべての授業を5分短縮し、45分授業にすることで毎日の日課の中に30分を生み出すことや、新たに採点支援ソフトウェアを導入すること、その他さまざまな工夫を難解なパズルを組み合わせるかのようにして実現させていったのです。

その全貌についてはここでは省略しますが、おおよそ以下のような方法で実施しました。

①単元テストは生み出した余剰時間を活用し、1校時目（1時間目）の前に設定して行う。ただし、生徒の負担を考慮し、1週間の中に2教科を超える単元テストが行われないよう各教科で調整する。

②再テストは希望するすべての生徒が受けることができるが、1回のみとする。希望した場合は、1回目のテストは成績に反映されず、2回目のテスト結果をもって成績とする。

これによって、生徒たちのテストに向かう姿勢、行動は自律型に大変貌を遂げました。

通知表が抱える大きな矛盾

このようにして中間・期末テストを廃止した結果、多くの生徒や保護者たちが、「前よりも学ぶことが楽しくなった」という喜びの声を届けてくれました。

ここで、関連して重要な課題について一言触れておきたいと思います。それは「通知表の評価」の問題です。

そもそも文部科学省の定めた学習指導要領は「最低基準」という扱いなので、子どもに習得してもらいたい目標が掲げられているわけです。今の学習指導要領においては、目標を達成すると観点別のＡＢＣのＢ判定になります。

このＡＢＣについて、少し丁寧に説明しておきましょう。

文科省が定めた評定のつけ方は観点別に主に３つあります。ひとつは「主体的に学習に取り組む態度」で、２つ目は「思考・判断・表現」。３つ目は「知識・技能」。以上３つをそれぞれABCで評価します。自治体によって取り決めがいろいろ違いますから、あくまで目安になりますが、Bは基本的に学習内容の50％以上80％未満の理解。Cは50％未満、Aは80％以上です。

それらを統合して5段階の評定をつけます。この方法も自治体によって異なりますが、例えばこんな判定基準を設けているところがあります。観点別を点数化し、その合計点が20％未満の場合が「1」、20％以上50％未満の場合が「2」、50％以上80％未満の場合が「3」、80％以上90％未満の場合が「4」、90％以上の場合が「5」。

さて、文科省が求めているのは、各観点とも基本的にBを超えるような子どもたちの育成です。もしBに満たない時、Cの子どもたちをBにするように手当てすることが学校の役割である、ということです。きちんと指導している学校では、3つの観点で全員がB以上、評定は3以上になっても良いということになります。もし学校が文部科学省の学習指導要領に定められたとおり、丁寧に子どもたちを育成することができれば、すべての学校の通知表は理論上3以上になるわけです。

ところが、「みんなが3以上なんておかしい」という主張があるのです。なぜそのような主張が出てくるのかというと、いわゆる「内申書」の評定が、高校入試の合否判定のための重要資料になっているからです。「みんなが3以上だと差がつかないじゃないか」というわけです。同じ教育委員会の中でも、入試を担当している部署は「1や2がいないのはおかしい」という立場になります。でも文科省は1や2ではない3の子どもたちを育てろと言っているわけですから、3以上になるのは本来望ましいはずです。

「1や2をつけろ」と言う教育委員会がどこかにもしあるとすれば、それは本末転倒ですし、残念なことです。僕が麹町中学校の校長だった頃の東京都教育委員会は「1」や「2」がまったくつかない分布を「特異な分布」のひとつとして、各教育委員会に対し、実質、指導ともとられかねない聞きとりが行われていました。きちんと指導した結果として、みんなが3以上であれば、理想どおりの結果となるわけですが、それをおかしいというのであればたいへんな矛盾です。

固定担任制度をやめたわけ

麹町中の改革に話を戻します。大きな話題となったもうひとつの改革は、固定担任制度をやめたことです。この取り組みを行ったのは、校長4年目のことです。

麹町中でなぜ、1クラス1人の担任がつく従来型の固定担任制度をやめ、全員担任制へと改革したのかについてお話ししておこうと思います。

直接的なきっかけは前年の、1年生4クラスのうちの3つがいわゆる学級崩壊したことでした。麹町中の1年生の姿は毎年ひどいもので、例年半分ほどのクラスが学級崩壊の状態でした。校長3年目はかなり改革も進んでいたのですが、それでも1年生の姿は一向によくならなかったのです。

第1章でも触れたように、当時の麹町中は不本意で入学してくる生徒がほとんどでした。保護者たちに過度に教育熱心な方々が多いのも特徴です。

より根本的な問題は教育がサービス産業化し、生徒、保護者が依存型になってしまったことにありました。

クラスでいじめや万引きなどのトラブルが生じるたび、担任が僕のところに謝罪しに来るのです。僕はいやいや謝るのは違うよ、君の責任じゃないから、と対応するのですが、「あなたがきちんとやってないから荒れるんだよ」という冷たい空気が学校や保護者の中に充満しているわけです。それゆえ、担任たちは余計に「クラスを荒れさせてはいけない」という強迫観念にとらわれてしまって、ピリピリした空気が学校中に蔓延(まんえん)していたのです。

こんな空気感の中では、うまくいっているクラスがあるということが、うまくいっていないクラスをさらに崩壊させるという悪循環を作り出してしまうのです。あそこの先生はいいのに、うちの先生は頼りないな……と。

いかんせん教員たちは「隣のクラスの先生よりも評価されたい」という意識を持ってしまいがちです。すると、どうしてもサービス過剰になりやすい。「あの先生はここまでサービスしてくれるのに、うちの担任はそうじゃない」というふうに、生徒や保護者からの有言・無言の圧力があるからです。

営業マンを思い浮かべてみてください。

例えば、4人の営業マンが利益を上げようと競い合っているとします。営業成果は棒グラフになって、みんなに見える。

するとどうでしょうか。

「もっと成績を伸ばさなきゃいけない」という焦りとともに、「他の人の成績がさらに上がっては困る」という良からぬ心理が自然に生まれてきます。

自分の成績を上げることばかりに気持ちがいき、それを最優先するようになると、他を蹴落とすことまでしなくても、積極的に他の営業マンに協力はしないようになります。こうした構図はどの組織でも同じように生じます。

今では学校もサービスを競っている時代ですから、教師の中にも自ずと競争が生まれます。保護者は学校や教師を値踏みし、もしうまくいっていないと感じると、「学校が悪い」と言いがちになります。

サービスを「与えられること」にすっかり慣れきってしまっているので、問題が発生するとすぐ、サービスを提供する側を責めてしまいます。

遡って40〜50年前はどうだったでしょうか。

今と比較すればですが、そもそも学校にはたいして期待していない。そんな親が多かったように思います。

学校の先生は面倒くさい人々だから放っておこう、といった割り切りもあったかもしれません。

親が何かを要求すればたちまち変わる、なんてことは誰も信じていなかったのです。だから、担任の先生に対しても過大な期待をすることがなかったわけです。

多くの担任もそれを知っていたのかもしれません。だから自分のやりたいようにやっていたし、中にはあまり熱心じゃない教員もいました。残念ながら、極端に横柄で乱暴な教員も生まれやすく、そうした教員が今よりもはるかに大勢いたことも事実です。

しかし、今ではどうでしょうか。

もちろん良いことですが、親や社会から「教師たるもの、こうあるべきだ」と要求されます。だから、とにかく信頼を得なければなりません。その結果、問題が起こらないようにしなくてはならない。良い評判を得るためにサービスしなくてはならない。などという過剰な意識が生まれます。

中にはサービスが得意な教員もいます。一般にコミュニケーションに長けた教員です。その先生が自分のお子さんの担任になると「こうあって当たり前」という前例になります。次第に、他のクラスの親は「うちのクラスがうまくいかないのは、担任が〝ハズレ〟だからだ」と考えるようになっていくのも当然です。

一方、教員側の視点で見ると、固定担任制では、何か子どもがトラブルを起こすと、担任が必要以上に責任を感じます。

実際、学校内外には「いじめは担任の管理・監督がなっていないから起きているのだ」という先入観をお持ちの方がたくさんいらっしゃいますが、それはまったくの勘違いです。たとえ大人社会であっても、人間関係のトラブルは起こります。ましてや子ども同士のことですし、個性や特性がみんな違っているのですから当然のことです。

しかし、サービス産業化してしまった学校に対する風当たりは、必要以上に厳しく感じます。こんな中、担任の中にはトラブルを起こさせないよう、いわゆる管理教育を強化したり、子どもたちを洗脳するかのように学級王国を作ろうとしたりするなど、極端な行動をとるものが出てしまっているのも現実です。

先ほどの話に戻ると、何かトラブルがあって僕に謝ってきた教員に対して、「いやいや君の責任じゃないよ。でもここからが仕事だよ。トラブルを学びに変えて、子どもたちの成長につなげていくことが僕らの仕事だからね」と伝えます。

ところが、担任たちが単独で事に当たっているうちは、どんなに努力してもうまくいくとは限りません。学校の中を見渡せば、トラブル対応に長けた教員はもちろんいます。生徒との相性もあります。しかし、固定担任制だとそうした優れた力を生かすことができません。本来なら、問題に対応できる教員がチームを組めば、学校のリソースを最大限に使って、より良い対応ができるはず。しかし残念ながら、より良い対応をすることよりも、担任が窓口になって責任を負うことのほうが優先されてしまっています。

こうした構図そのものが問題だと、僕は以前から感じてきました。

そこで自分が校長になったら固定担任制ではなく、チームで対応する全員担任制にしたい、と思ってきたのです。

医療の世界では、いち早くチーム医療に転換しましたが、それは当然の流れでしょう。学校も組織として、チームになっていくべきなのです。

固定担任制度をやめて、どんな変化が起きたか

全員担任制に移行したことによって、次のような変化が起きました。まずどんなトラブルが起きても教員たちがメンタルを壊さなくなりました。少なくとも過度の責任感から解放されたのです。教員たちは、子どもがトラブルを起こすのは普通なんだという本来の教育の原点に立ち返ることができたのです。次第に些細な問題一つひとつがきちんと共有化されるようになったのです。

固定担任制では、教員の中に自分の責任だと言われるのを恐れて問題を隠そうという意識が働く恐れがありましたが、チームで対応することによってそうした意識が一掃されオープンな風土がつくられたのです。

そうなると、教員同士の助け合いも生まれてきます。

みんなで知恵を出しあって、相談し、どうしたら解決の道に導いていけるか考えるように変化していきました。

先生たちも、いったん子どもの自律という最上位の目標に戻って、そこからあらためて方法を考えることができるようになったのです。

一方で、全員担任制は子どもの立場から見ると、相談する先生を生徒や保護者が逆指名をすることができるという制度なので、満足度も高くなりました。自分で選ぶことによって、教師への批判が減る効果もありました。さらに興味深いことに、生徒指導的な問題が起こった時、どうしてもできる教員に仕事が集中するのではないかと危惧していたのですが、それぞれのケースに応じて仕事を分担する連携にもつながっていったのです。

また、三者面談を逆指名にしたとき、これも特定の先生に集中するのではないかというふうに危惧していたのですが、蓋を開けてみたらまったく違いました。固定担任制の時は集中攻撃を受けていたような先生たちにも、その先生を好きな子どもたちがいたのです。それぞれの先生の良さが活かされていったのです。

面談のみならず日常においても、子どもたちはトラブルを解決するために先生に相談しようとします。どの先生に相談するのが一番いいだろうかと考えて、自分たちで的確な先生を選び出すようになっていきます。つまり、起こった出来事を主体的に自分たちの問題として捉え、それを解決する手段を探していくようになったのです。まさしく子どもたちが当事者として動いていることになります。

与えられるだけではなく、問題解決は自分たちがする、と能動的に考える。

まさしくこの自律こそ、めざすべき教育です。

学校を変えていくためには、自律する子どもを育てる必要があります。そのためには、自律型の教員集団でなければいけません。自律型の教員集団に変えていくためには、めざすべき最上位目標がきちんと一致していなければいけないということなのです。

教師全員を当事者にするために

さて、麹町中の学校改革のエピソードがメディアを通じて一人歩きしたせいか、しばしば誤解されることがあります。僕のことを「すべてを決めて指示を出すトップダウン型のカリスマ教育者」だと思っていらっしゃる方がいるようです。実は違います。

「学校に関わる人のすべてを当事者にする」ことこそが、校長の役割です。

例えば麹町中に赴任した時に、僕がまず最初に行ったのが、改善すべき課題のリスト化でした。

校長として赴任後、初の夏休みを使って課題を洗い出していきました。全部で200ほどの項目になりましたが、リストの中の50項目は、実は教員たちから出てきた課題でした。

もし僕が一人でリストを作れば、課題を受け取った教員たちは当然ながら「やらされる」という気持ちになります。しかし、一緒になって考え、課題を洗い出していけば教員たちは「当事者」になります。

リストの具体的な内容は、教育内容に限らず、例えば「鍵の管理がきちんとできていない」「個人情報が机の上にさらけ出されたままになっている」といった、学校運営のすべての視点が含まれていました。

リストが完成すると、今度はどのように改善・解決していくべきかについて教員たちと話し合いました。

対立する意見もありました。ある行事をめぐって「なくしたい」という教員もいれば「もっと充実させたい」という人もいました。そうした意見の対立について時間をかけて対話を続けていきました。そのうちに、対立している両者の根底には「学校行事を大切にしたい」とか「学校を良くしたい」という共通の思いがあることに互いに気がつくことができるようになります。

このプロセスはとても大事です。課題のリスト化とそれを解決していく作業を通じて、教員たちの間に当事者意識が芽生えていっただけではなく、良い意味でお互いを理解しより良い妥協点を見出し、合意を作ることができたのですから。

議論が相反した時は、つねに原点に立ち戻りました。「生徒たちにとって何が一番良いことなのか」を考え、「では、学校はどのような役割をすればいいか」ということを軸に対話を深めていきました。課題を認識し共有する。みんなが一致できる方向がはっきりしたら、それを実現する方法を探るのです。

校長は対話が円滑に進んでいくよう、サポートをする役回りです。方向がズレた時には間に入って修正する、という役に徹すればよいのです。

一方的に指示されるのではなく、当事者になると、がぜんやる気が湧きます。教員も生徒も同じです。一人ひとりが当事者になれば、指示を待っていることには意味がないと気づきます。

しかし、もちろんですが、どんなに教員たちが当事者として対話を繰り返した上で決定したことであっても、それがめざすべき最上位の目標を損ねるような結論であった場合には、校長は明確に「NO」と言わなければなりません。特に組織が未熟なうちは、これがたびたび起こりますが、校長はその時こそ、最上位目標の本質的な意味を教員一人ひとりに腹落ちさせられるチャンスだと覚悟しておく必要があります。

じっくり変化を待つのも校長の仕事

しかしながら、教員を当事者にすることは実はなかなか難しいことです。そもそも当事者意識を育てようとしない学校教育を受けて育ってきた教員たちですから、残念ながらそのマインドが染みついてしまっています。

生徒よりもむしろ教員のほうが自分へのこだわりが強く、ひとつの考え方に固執したりこじらせたりしていて、自分を変えていくことが難しいのです。特に、それまで自分でやってきたことが間違いではなかった、と信じている人は、変わることに抵抗があるのは当然です。自らの成功体験を否定することにもなるため、教員の価値観を変えていく作業はきわめて難しいものです。

教員の価値観を変えていくためには、一人ひとりに「手段が目的化していないか」とか「そもそも何のために教育をやっていたんだっけ」と、つねに問いかけていかなければいけません。続けていくと、教員たちの心がグラグラと揺れ始める瞬間があるのです。ただ、その瞬間がすぐにくる教員もいれば、少し時間がかかる教員もいて、千差万別です。

ここで校長として頭の中に入れておかなければいけないのは、校長が教員を変えることができるのではないということです。自分自身を変えることができるのは、あくまでその人自身でしかありません。それをまず校長として、覚悟しておく必要があります。

その大前提の上で議論を進めていきますが、教員が当事者として成長していくには、「課題の概念化」が大事になります。簡単に言えば、自分を俯瞰(ふかん)的に見るという訓練です。

人は考え方の違いがあるだけで、感情の対立になりがちです。そうした自分自身の傾向を認めて、課題を自覚することが大切です。校長はそこを言語化し、教員たちに上手に伝えていきたいものです。

「人間は考え方が違うとどうしてもイラつきます。ついつい感情的になって相手を怒鳴ったりもしてしまう。でも、それはあなただけではない」と。

「あなたは駄目だね」と否定するのではなくて、「私もそうです」という共感も大切なのです。

相手を否定せず、共感の軸を見つけていく。程度の違いこそあれ、人間はそういう生き物なのだから、そこをコントロールしないと組織としてうまくいかないよね、と語りかけていく。

一度理解できると、「ああこれもそうか、あれもそうか」と、どこがどう駄目だったのか、たちまち全体が見えてきます。ひとつのことを発見したら、あとは自分で応用できるような修正が可能になる。ひとつ大きな気づきがあると、次は自分で気づく。そして自らの課題を集団の中でさらけ出すことができるようになれば、人も組織も劇的に変わっていきます。

特に一番力を持っていて中心でやっていた教員が「いやあ実はとても悩んでいるんだ、やっぱり自分が変わらなきゃ駄目なんだよな」と一言ぽろっと言ったとたんに、まわりに伝染していきます。実際、麹町中にも横浜創英中にもそういった瞬間が何回もありました。

それまでじっくりと待つのも校長の仕事です。

「自分は間違っていた」と宣言した副校長

特にベテランの教員が気づいたら、一気に変わります。一所懸命やってきた教員こそキーマンです。なぜかと言えば、つねに矛盾を抱えて試行錯誤を続けているから。苦しんだり迷ったりしているからです。そういう先生は一所懸命だからこそ、変化に対しても素直になれるのです。

昨日まで子どもたちに対して高圧的に管理的な教育をしていた教員が、自分は間違っていたと気づいたとしましょう。この教員が明日から行動を変えるには、とても高いハードルがあります。まず目の前にいる生徒たちに対して、昨日までと違う対応ができるでしょうか。周りの教員たちに対しても、できるでしょうか。

たとえ意識が変わったとしても、明日から行動を変えられるかどうかは別です。その教員に変化する覚悟が突きつけられるのです。すると、この教員の行動は大きく2種類に分かれます。ひとつはソフトランディングさせようという教員。つまり、新しく会う子どもたちに対しては対応を変える。今まで対応した子どもたちに対しては、極端に変わらない程度に変えていこうというタイプ。

もうひとつのタイプは、宣言をする教員です。つまり、「僕が間違っていた、申し訳なかった。明日から変わる」と宣言をしてその日から変わる教員です。これには相当な覚悟が必要ですが、横浜創英には似たような宣言をした教員がいます。今では僕の相棒のような存在となった副校長の本間朋弘です。本間さんは僕が赴任する数年前に県立の進学トップ校から引き抜かれて、進学実績を上げるというミッションを与えられていました。それを先頭に立って実現してきて、彼を中心として多くの受験指導に長けた教員たちが育っていったのです。また、さまざまなトラブルが起こった時の教員の相談役のような存在でもありました。だから人望もある教員なのですが、僕と出会って1年半か2年目頃に、教員たちに向けて「僕は間違っていた。これまで大学受験に合格すればいいという教育をしてきたけれども、それは子どもたちのためにならなかった。与える教育から、自ら学ぶ教育に変えなきゃいけない」と宣言したのです。

この時、彼を信用していた職員たちの動揺には、ものすごく激しいものがあったと聞いています。結果として、彼のこの行動が学校を加速度的に変化させる引き金になったのです。

一人ひとりの教員の覚悟の積み重ねこそが、学校を変えていく力になっていきます。それは校長が無理やり変えるものではありません。その人それぞれが自分自身を変える、それをきちんとフォローすることが校長の役割です。

教員たちが変わらなければ、子どもは変わっていきません。校長一人がいくら子どもに語りかけたとしても、教員が一緒になって心が揺さぶられ、変化をしていかなければ学校は変わらないのです。

【コラム　校長の〝先生〟】2　元文科省の異端児の教え

僕が東京都教育委員会に勤めていた時に経験した、最も重要な出来事を紹介します。「文科省の異端児」と呼ばれた元文科省官僚・岡本薫さんの講演は、まさに目からうろこが落ちる経験でした。

最上位目標を明確にする。

目的と手段とを峻別し、混同しない。

僕の中に断片的にあった課題と解決とが言語化され整理され、ひとつのストーリーになってまとまっていった瞬間でした。

日本の教育の最大の問題点は、「従順であれ」ということにあるのではないかと僕は常々思ってきました。上からの指示を聞く従順さが暗黙のうちに教育の隅々で求められ、それが前提となっています。

「心をひとつにする」「絆」「和を大切に」といったフレーズの背後に「みんな仲良く」という思想があります。

言い換えれば日本独特の同質性・同調圧力の文化です。

学校現場で言えば、例えば行事がその象徴です。

運動会、体育祭、文化祭、合唱コンクール。いずれも生徒たちに団結を求め、和を求め、絆を求める。つまり、行事が「団結を学ぶイベント」となっている。学園ドラマでやたら団結するシーンやみんなで盛り上がるシーンが描かれてきたのも、そのせいでしょう。

しかし、「仲良くする」ことが必要以上に強調されるとすれば、どうでしょうか。

みんなで力を合わせることと、個々人でそれぞれ違う意見や感じ方を持つことは、両方あってしかるべきだと僕は思います。しかし、日本人は少数派や違う意見の人がいると同調圧力をかけて「みんな同じにしよう」とする風潮があります。それによって必要な対話までが妨げられ思考停止になってしまいがちです。

もちろん、子どもだけではありません。企業や組織でも、仕事を成功させるためには和が求められ、仕事のプロジェクトでも「みんな仲が良くていいメンバーだった」と総括されたりします。

根底に、「違和を生んではいけない」という雰囲気があり、問題がないのが一番よいということになって、結果として前例の繰り返しになっていく。日本中に見られる現象です。

こうしたことの問題点を見事に分析してみせた岡本さんの著書『教育論議を「かみ合わせる」ための35のカギ』（明治図書出版、２００３年）は教師の皆さんにきっと大いに参考になるはずです。

第３章　校長になるプロセス、なってからの権限は？

副校長と教頭の違い

校長になるひとつ手前に、教頭や副校長というポジションがあります。

実は、東京都のほとんどの学校には今、「教頭」がいないのです。教頭を廃して「副校長」にしたのですが、皆さんは副校長と教頭の違いを、説明できますか？

教頭は教員のトップです。基本的に授業ができます。副校長は校長の下で学校運営をする役職なので、教員免許を持っていなくていいのです。ただし副校長は授業ができるという規定をしている自治体もあります（もちろん基本となる教員免許は必要です）。

学校の組織上、教員の他に事務員がいるわけですが、教頭は事務員の上司ではありません。ですから、今も副校長がいない学校では、事務長が教頭の言うことをまったく聞かず、対立構造になっているケースもあります。

副校長という名前に変えた地域ですら、「なんで同じ仕事をやっているのに、教頭から副校長に変わったんだろう」とわかっていない人たちがほとんどです。

法的な規定を確認してみましょう。

日本の学校教育は教育基本法、またその下にある学校教育法などに規定されています。副校長、教頭は、学教教育法第37条に、それぞれこうあります。

第5項　副校長は、校長を助け、命を受けて校務をつかさどる。
第6項　副校長は、校長に事故があるときはその職務を代理し、校長が欠けたときはその職務を行う。この場合において、副校長が二人以上あるときは、あらかじめ校長が定めた順序で、その職務を代理し、又は行う。
第7項　教頭は、校長（副校長を置く小学校にあっては、校長及び副校長）を助け、校務を整理し、及び必要に応じ児童の教育をつかさどる。
第8項　教頭は、校長（副校長を置く小学校にあっては、校長及び副校長）に事故があるときは校長の職務を代理し、校長（副校長を置く小学校にあっては、校長及び副校長）が欠けたときは校長の職務を行う。この場合において、教頭が二人以上あるときは、あらかじめ校長が定めた順序で、校長の職務を代理し、又は行う。

さらに自治体ごとに「管理運営に関する規則」というものがあるのですが、ここでは例えば麹町中がある千代田区の規則を見てみましょう。皆さんのお住まいの自治体にもそれぞれ規定があるので、ホームページで調べてみてください。

第6条　小中学校に副校長を置く。
2　副校長は、校長を助け、命を受けて校務をつかさどり、及び校務を整理する。
3　副校長は、校長の命を受け、所属職員を監督し、及び必要に応じ児童又は生徒の教育をつかさどる。
4　副校長がつかさどる校務は、所属職員の服務に関する事務の一部とし、その範囲は、委員会が別に定める。

「校務を整理する」とされているように、もろもろの意思決定のしくみとか、組織をどうしたいとかと考える権限は、実は副校長にあるのです。校長に進言できるのです。

ところが、よく副校長の中に「うちの学校の組織はダメだよなあ」と文句を言う人がいます。自分の仕事だという自覚がまったくないということになります。

僕も副校長を務めた時、校長に、「来年の組織はこう変えましょう」と組織案を提案しました。教務部をはじめ○○部という組織がたくさんあって、意思決定のルートが多すぎたので、「校務を整理する」立場の僕が手を着けて、人の仕事の割り振りや、会合の持ち方などを検討したわけです。

事務員と教員はどう違う？

ここまでの説明をご覧になって、教育行政のしくみや法令は結構難しいとお感じになる方が多いのではないでしょうか。しかしながら、校長にとって法令を押さえることは必須スキルです。

先ほど教頭と事務長が対立構造になりがちだというお話をしましたが、その背景も法令を知ると理解が深まります。

教員と事務員はともに地方公務員法で制御されているのですが、教員はそこに教育公務員特例法という優先すべき法律があるのです。その第21条にこんな文言があります。

「教育公務員は、その職責を遂行するために、絶えず研究と修養に努めなければならない」

この「絶えず」という言葉は、「勤務時間外も」と解釈できます。教員は非常に重要な仕事なので、いつも勉強しなさい、というのです。公務員の世界の中で、この規定はちょっと特異な感じがしませんか。

もうひとつ、教育公務員特例法の第22条には、このような文言もあります。

「教員は、授業に支障のない限り、本属長の承認を受けて、勤務場所を離れて研修を行うことができる」

これはどういう意味でしょうか。勤務時間外も研修しろというのと同時に、勤務時間中でも自分で研修していいということです。

教員は仕事時間内に新聞を読むことがありますし、自宅で授業の内容を考えるためにテレビのドキュメンタリー番組を見ることだってあります。これらははたして研修なのか、または仕事なのか、きわめて曖昧です。このように教員の仕事というのはグレーでファジーなの

図1　中学校の組織の例

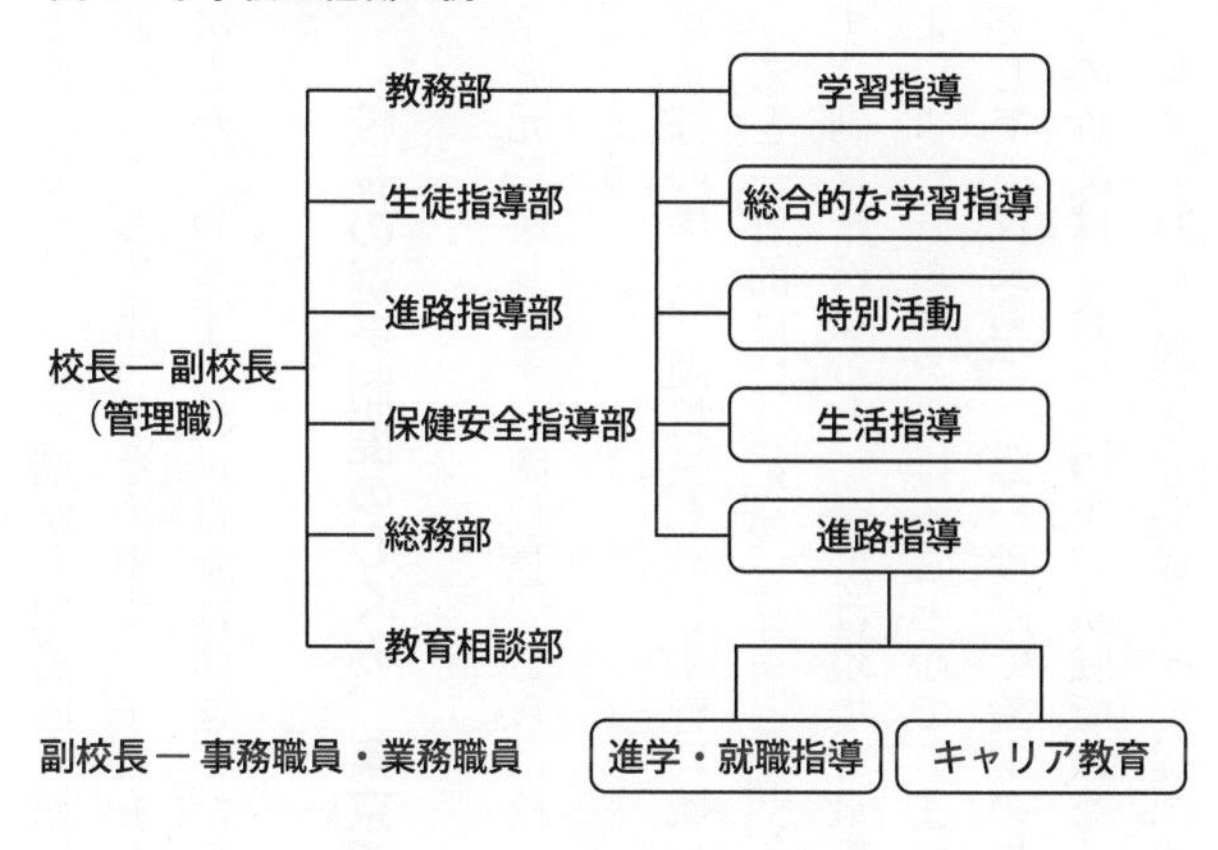

です。
だから僕は、教員に対して、事務の人たちと一緒に仕事をする時に、自分たちのファジーな雰囲気を持ち込まないよう戒めています。例えば教員は事務員に対し、原則として休憩時間中に仕事を頼んだりしてはいけません。事務の人は、休み時間と勤務時間外でないと、例えば新聞だって読めないわけですから。
こうした違いがあるにもかかわらず、教員たちは事務の方々に対して、あれこれ好き勝手な要求をしがちです。事務に提出した書類で、教員はしばしばミスを犯してしまいます。民間企業なら出張旅費の申請や精算など、徹底的に厳しく指導されるので、間違えることはあまりないのではないかと思いますが、教員の場合、提出期限を守らないとか、守っても片っ端から記述内容が間違っていて事務に直してもらうとか、本当にいい加減な人たちの集まりなのです。子どもたちに対してあれだけ「間違えるな」と指導しているにもかかわらず、教員自身は間違いだらけなのが実態です。

校長の選考制度のしくみ、東京都のケース

話を元に戻します。副校長、さらに校長になるためには、どんな道筋をたどる必要があるでしょうか。

東京都の場合、副校長をめざす管理職は、選考試験を受ける必要があります。その試験に受かると一般的には2年後に任用審査が行われ、その審査に通って初めて副校長に就任します。副校長になると、今度は現場で最低3年ほど経験します。そして経験3年目になれば、いよいよ校長選考を受けることができます。

そして、校長選考に臨む段階で論文の提出が待っています。

この論文は、会場での筆記試験ではなく、各自が執筆したものを必要に応じてさまざまな人に見てもらい、修正し完成させて提出する、というものです。

選考に通るための論文の「型」はある程度定まっています。その対策のために民間などの専門機関で行われる講習会もあります。

ここまで「東京都の場合」と但し書きをしてきたように、実は、校長になるまでのプロセスは、全国一律ではありません。地域によってさまざまなのです。

東京都以外の多くの自治体、例えば僕の故郷・山形県や今僕がいる神奈川県では、現場から優秀な教員を引き抜いて「充て指導主事」として教育委員会の仕事を経験してもらうようです。数年たったらまた現場に戻り、最終的に校長になっていく、というステップを踏みます。

一方、東京都はまったく違います。試験による選考制度がきっちりと定まっているのです。試験に通れば指導主事になれるので、極端に言えば、現場でまったく信頼の置かれていない教員であっても、一定の業績評価があって試験に通れば合格ということになります。

現在の選考制度が導入されたのは二〇〇〇年、石原都政の改革によるものでした。僕はその一期生です。校長になるための主なコースとして、Ａ選考として「行政感覚にも優れた教育ゼネラリスト的な管理職の養成」、Ｂ選考として「学校運営のスペシャリスト的な管理職の養成」という道ができたのです。

A選考は、教育委員会や行政のみならず、民間企業をはじめ各所で研修を受けながら、5年後に副校長になって、さらにその数年後に校長になるというようなステップを踏みます。いろいろな研修を受けながら、ゼネラリストとして広い視野を持った校長をめざす制度です。ちなみに、それ以前の制度には、行政系の選考としての指導主事選考と教頭選考の2種類がありました。行政系というのはA選考の前身で、教育委員会に長くいて、現場に出る際には教頭を経験することなく、いきなり校長で出るというパターンです。

教頭選考が前身となるB選考には研修がなく、そのまま現場からストレートに校長をめざします。2年目に副校長の任用審査があり、早ければ3年目に副校長になります。そして副校長として務めた3年目には校長試験があり、それに合格するとさらに1年間の任用前研修があり、翌年に校長になります。

ここで一言添えておくと、東京都の選考試験制度には、少なからず問題があると僕は考えています。僕が合格した当時の倍率は50人の定員に対しておよそ10倍はあったのですが、現在は定員10人に対して倍率は1倍台。東京都のような巨大な自治体でさえ、如実に管理職の成り手が激減しているわけです。

そのため、試験の課題が減らされています。僕がA選考を受けた時の試験科目には法規が

図2　教育職員の任用制度

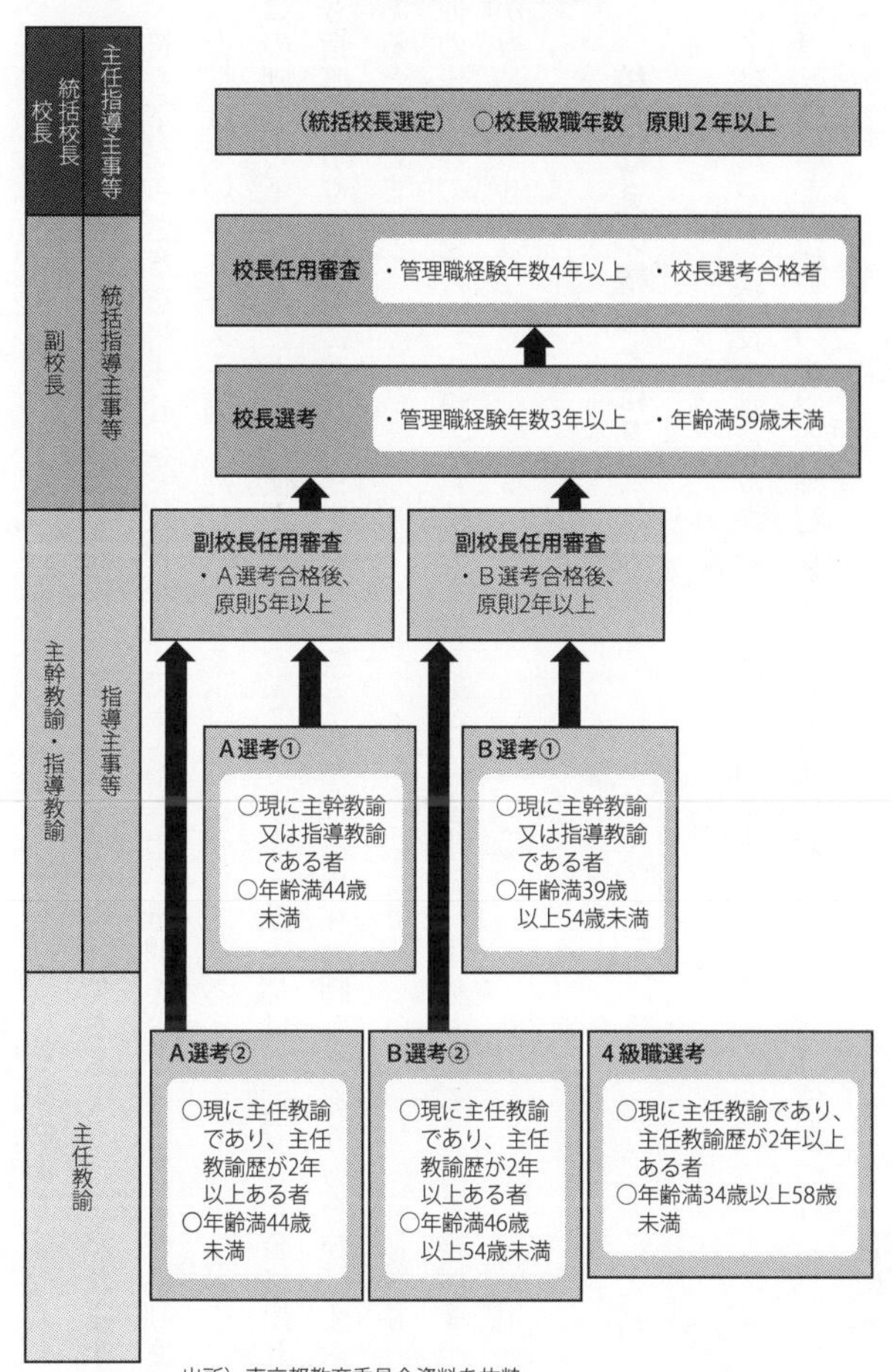

出所）東京都教育委員会資料を抜粋

あって教員採用試験以来久しぶりに学び直したものですが、今は法規がありません。これは、つねに法的根拠に当たることを軽視する、認識不足の現れであるように思われます。当然、質も下がらざるを得ません。校長が起こした不祥事が世間を騒がせることがありますが、そんな情けないニュースを聞くたび、制度そのものについても考えます。

この制度の下で校長になった僕が言うのもなんですが、東京都は、選考さえ合格すれば誰でも指導主事や管理職になれる、という印象をもたれる現在の制度のあり方を検証する必要があると思います。

他の自治体のように、現場から優秀な教員を指導主事に一本釣りすることも検討すべきなのかもしれません。

校長ゆえの権限とは？

法令に当たって、校長の職務について確認しておきましょう。

先ほど教頭と副校長の規定を確認した学校教育法においては、どう位置づけられているでしょうか？

「校長は、校務をつかさどり、所属職員を監督する」（第37条第4項）

さらに、千代田区の「管理運営に関する規則」第5条には「校長の職務は、おおむね次のとおりとする」とあり「一、学校教育の管理、所属職員の管理、学校施設の管理及び学校事務の管理に関すること」「二、所属職員の職務上及び身分上の監督に関すること」と書かれています。

つまり、校長がする仕事は管理であって、任命や処分ではありません。任命の権限は前に書いたように都教委にあります。

また、「校長は、所属職員に校務を分掌させることができる」とあるので、校長は副校長や教員たちに「あなたはこういう仕事をしてください」と分担させることができます。

さて、このように規定されている校長という職務ですが、実際にできることは何なのか。校長ゆえの権限とは何なのか。これらの疑問について述べていきます。

学校教育法等、法例によれば、教育課程またカリキュラムとは、学校教育の目的を達成するため児童生徒の発達段階に応じて順序だてて編成した教育の計画のことです。子どもたちのための教育の環境を作る時、どんな内容にしますか、それをどのような時期にどんなふうに配列して学ばせていきますかといった、総合的な教育計画を作る権限は、実はすべて校長にあるのです。

教育委員会が定めているのは、長期休業日や授業日などある一定程度のものを管理運営する規則です。ですから、校長は国の法規（学校教育法、それに伴う施行規則、学習指導要領）、さらに設置者である自治体が定めている管理運営規則に則っていれば、独自の教育課程を作る権限を持っているのです。

校長はヒト、モノ、カネのすべての権限を握っているわけではありません。しかし校長は、教育指導について法的に全権を持っています。

個別最適化時代の新たな教科書問題

教育課程に触れたついでに、教科書について、少しだけ触れておきましょう。

どの教科においても、それぞれの先生が教材を工夫して進めるべきだと僕は考えています。子どもの自律性を尊重しているので、画一的な教材を押しつけることはしません。

公立では特に歴史教育など政治的な問題も絡んできて、なかなか自由が利かない部分もあります。そのあたりは複雑な経緯があるのでここでは深入りはしませんが、教科書に関する大問題を指摘しておきたいと思います。それは、同じ学年に同じ教科書を配ることの是非についてです。

わかりやすい例を挙げると、すでに英検1級を持っている中学生を思い浮かべてください。中学3年間また高校3年間にわたって英語を学ぶことが、この子にとってはたして必要でしょうか。これは、目下の個別最適化の時代の文脈で、問われなければいけないと思います。ところが、義務教育においてはおしなべて同じ教科書を配ることが法律で定められているために、配らざるを得ません。このように、学習内容をすでに理解しているにもかかわらず、教科書を配るという無駄が生じてしまうのです。こういった面こそ、法律を変える時期に来ていると僕は考えています。

変な言い方かもしれませんが、日本の学校教育は「教育の無償化」というよりは「教科書の無償化」をしています。本当なら一人ひとりに合った教科書を自由に使えるほうが合理的です。欧米では広く行われているように、教科書は個人に与えるものではなく、学校が保管をして、学ぶ内容に応じてその都度子どもに貸してあげるという方法も考えられるのではないでしょうか。

もちろん、これは教科書会社にとっては死活問題ですから、どのようにソフトランディングさせていくか、これからの課題です。

前例踏襲、二枚舌……教育委員会の問題点

話を元に戻しましょう。

僕はいつも「管理運営規則を読まない人間は、管理職になる資格がないよ」と言っています。

千代田区の「管理運営に関する規則」では「教育課程の編成」として「小中学校は、法に掲げる教育目標を達成するために、適正な教育課程を編成するものとする」と書いてあります。さらに「教育課程の届出」の中に、「校長は、翌年度において実施する教育課程について、次の事項を毎年3月末日までに委員会に届け出なければならない」とあります。

「届け出なければならない」ということは乱暴な言い方をすれば、「届け出ればいい」ということです。もちろん法的に適切なものをです。

もし、次年度になり、実際にその教育課程にそって教育活動を行っている段階になって、教育課程の一部を変えたいと思ったならば、手続きとしては教育課程変更届というものを教育委員会に提出すればよいのです。

他方、教育委員会側は、「教育課程説明会」を開催しています。これは何かというと、教育課程を作るにあたってこんな方向で作ってくださいね、という指導、助言をするための、副校長、校長、教務主任等を対象にした会合です。

教育委員会がこの説明会を行う根拠は、「地方教育行政の組織及び運営に関する法律」の中にあります。

「二　学校の組織編制、教育課程、学習指導、生徒指導、職業指導、教科書その他の教材の取扱いその他学校運営に関し、指導及び助言を与えること」（第48条２）

この「指導及び助言」という文言に従って、教育委員会は指導しているのです。ところが、指導主事の中には「毎年やっているから、続けているんです」という前例踏襲程度の認識しか持っていない者が多くいるのが実態です。

あきれたことに、いまだに「教育課程届出説明会」という名前をつけている自治体もあるほどです。ここでは、書類の書き方など、まさに届け出のマニュアルだけ説明があるわけです。「指導及び助言」と謳っている自治体のほうが、まだマシだと言っていいでしょう。

本来なら、「いま重要なのはこういう課題であって、そのためにこういう教育をするのがよいですよ」といった助言をすべきなのです。こんなことを言うと、「最近の若者は……」という小言のように聞こえてしまうかもしれませんが、最近の指導主事は、文書主義、つまり根拠を徹底的に求める姿勢に欠けています。

教育委員会の問題点について、もうひとつ事例を挙げましょう。先ほど校長には教育課程を作成する権限があると言いましたが、実は教育委員会から「あの行事をいつやりなさい」とか「修学旅行は何月にどこそこへ行きなさい」というような指導が入り、実施の詳細までは校長の自由にならないケースが多々あるのです。

例えば外国の学校との交流活動があるとします。夏休みではなく、通常の授業がある時期に代表の子どもたちを外国に訪問させるケースがあるのです。たしかに、異文化体験には得がたい価値があるのは否定しません。しかし、一方で日頃一時間たりともおろそかにせず授業をきちんと確保しろと言っている指導主事たちの言動からすると、矛盾を感じずにはいられません（今は、働き方改革で逆に標準時間をオーバーしないようにという指導が入るようになっていますが、特に「ゆとり教育」から「確かな学力」へと転換した当時は授業時間確保の圧力は顕著でした）。きちんと根拠に基づいて説明責任を果たすことができていないのです。指導主事が二枚舌を平気で使っていることも、大きな問題です。

当事者意識のない校長たち

法令の理解が浅く、文書主義が徹底されていないことは、何も指導主事たちに限ったことではありません。残念ながら多くの校長たちにも当てはまります。一例を挙げましょう。

２００７年に新しい特別支援教育のあり方が始まりました。それまでは「特殊教育」と言っていたのですが、それを「誰一人置き去りにしない」というＳＤＧｓ的な考え方に改めたのです。

かれこれ15年も前の話ですが、いまだに校長たちはこう言うのです。「特別支援の専門家をくれ」「教員配置をしてくれ」と。

しかし、特別支援教育においては、専門家がいないことが日本の課題であるわけで、それを育てるのが現場の役割のはずです。専門性のある教員がどこからか降って湧いてくると思っているのでしょうか。

加えて、特別支援に対する教員研修もすでに始まっており、校長たちも研修を受けているはずです。それは校長が当事者意識をもって指導すべきことですし、校長が勉強すべきことなのです。校長には、特別支援教育の専門性が問われていると言ってよいでしょう。一人ひとりが専門性を高めることによって、専門性が高い教育の現場ができていくのです。

校長には、当事者としての覚悟が必要なのです。

「聞いていません、習っていません、言われていません」といった教員が育ったとすれば、校長自身の姿を映し出しているということですし、そういう子どもたちが育ったとすれば、教員たちの姿を映し出しているということです。人のせいにせず、知識がなかったら、知識がある人にきちんと尋ねればよいのです。

校長の任期が短すぎる

このようにリアルに考えていくと、「短い期間だから何もしないで任期を終えるほうが楽だ」と考える校長がいるのも、なるほどうなずけます。　校長が名誉職に留まりがちなのは、ひとつにはそうした理由があるからなのでしょう。

残念ながら日本全国を見まわすと、名誉職タイプの校長のほうが多いように見えてきます。校長としてたった2年か3年しかひとつの学校にいられないとすれば、1年目は前校長が決めたことをやるしかありません。2年目にもし、自分なりに教育課程を変えたとしても、その結果を見届けることができないうちに異動になります。

つまり、何かを積極的にやるには、校長の任期が短すぎるということです。

僕が麹町中学でさまざまな挑戦をすることができたのは、東京都が他県等とは違って、校長の任期が基本的に「5年」という長い時間だったからでした。

僕の場合、結果として60歳の定年退職までの6年間、麹町中で校長を務めることができました。1年の終わりには僕は「来年度はこう変わるよ」ということを示すために、小学6年生の子どもたちの保護者に向けての説明会を開催することはもちろん、すでに在籍している在校生の1年生、2年生の保護者たちを対象にする説明会も開きました。さらには当事者である生徒たちにも直接説明していきました。大きな変化が落ちつくまで、そうしたことを3年続けたのです。

そうやってすべてのカリキュラムを全取っ換えしたので、3年目の時点で僕が校長になる前の行事で残っているものはひとつしかありませんでした。

学校に赴任した1年目は前任校長の指導課程をそのまま進めたとしても、残り4年間は自分がやりたい仕事ができるわけです。

校長の任期については、全国的に議論されるべきだと思います。

【コラム　校長の〝先生〟】3　自分の無力を思い知った出来事

東京で最初に赴任した中学校で、僕の教員生活にとって重要な経験をしました。その学校で4年目のことです。それが、大きな気づきを得る機会となったのです。

僕が担任をしているクラスの生徒が突然、不登校になりました。担任として初めての経験でした。

その生徒は学級委員をしているリーダー的な、とても優秀な生徒でした。勉強だけでなく運動も、部活もすべてをこなせるスーパーな女子でした。その生徒が突然、燃え尽き症候群になったかのように学校に来られなくなってしまったのです。

僕は心から「何とかしてあげたい」と思いましたし、その生徒が不登校になった理由のひとつは、僕なんじゃないかと感じていました。

彼女は日頃から誰からも頼られ、いつも笑顔でその期待に応える人気者でしたが、あまりにも完璧に見えた彼女の姿に僕自身も頼っていたところがあるからです。

突然に学校に来られなくなった彼女に僕ができることは何かといろいろ試してはみたのですが、その当時の僕には必要な知識も有効な手段もほとんど見つかりませんでした。不登校になった子どもを救う能力や技術をほとんど持ちあわせていないことを僕は痛感しました。

カウンセリングの技術を学ばなきゃ、と思い立ったのもその時です。そもそも僕は他から薦められて研修を受けるということが嫌いで、自分で必要だと納得できないもの以外は研修を受ける気にもならなかったのですが、この時はまさに自分に必要なことだと自覚し、本気でカウンセリングを学ばなければならない、と思いました。

それから数年間、東京都が主催していた長期のカウンセリング集中講座に参加したり、専門書を読みあさったり、多くのことを学びました。ここで得たものや専門家とのつながりは、教員生活はもちろん、管理職としての仕事などすべてに役立っています。

第4章　教育委員会、議会の知識はなぜ役立つのか？

教育委員会での経験が校長として役立った

若い頃から僕は、生徒たちと教室にいる時間が好きでした。管理職はもちろんのこと、「教育委員会に入りたい」と考えたことなど一度もありませんでした。正直にいうと、教育委員会についてはややネガティブなイメージを持ってさえいました。

教育委員会をめざす教師というのはエリート志向で、現場より出世や昇進に興味がある人だろうと思っていたのです。もちろんその頃の僕が抱いていたそうしたイメージは、周囲の教職員の風土やメディア等に作られたものであり、偏ったものにすぎません。言い方を変えれば、偏見でいっぱいの井の中の蛙のような存在の教員でした。

管理職選考に合格後、僕が東京都教育委員会（以下、都教委）へ異動したのは、自ら積極的に選んだわけではなくて、たまたま配属された先でしたが、教育委員会の中味を知ることが無意味ではないという予測もありました。

特に校長に大きな影響力を持つ組織なので、その相手を正確に理解しておくことは決して無駄にはならないはずだ、と思っていました。

実は教育委員会に入った当初の面接で、「どこへ配属されたいですか」と聞かれた時に僕は即「民間企業へ行きたい」と答えていたのです。とにかく一度は教育の外の世界を経験したい、という思いがあったからでした。世の中には「学校の世界しか体験していない大人ではダメだ」という風潮がありましたし、僕自身も教育界しか知らない自分に引け目のようなものを当時は感じていました。「学校の常識は社会の非常識」などとしてよく揶揄されていたからです。

結果として、その後も僕自身が民間企業で仕事をする機会はありませんでしたが、今あらためて実感するのは、その人の見聞の広さは自分自身が広い視野でクリティカルに仕事をする気があるかどうかが重要で、教育界の外で働いたことがあるかどうか、とはまったく関係がない、ということです。都教委の後に異動した目黒区教育委員会、新宿区教育委員会指導課での勤務も含め、その後のさまざまな仕事を通して、僕の視野と見聞は大きく開かれていきました。

本章であえて教育委員会に触れるのは、その時の経験が校長になってから非常に大きな力になった、と痛感しているからです。

校長として意義ある仕事を成し遂げるためにも、教育委員会の役割について十分に理解しておくことがとても大事です。

つねに根拠、規定を調べる

　僕が10年間教育委員会に勤めた経験ではじめに発見したことは、なるほど行政の業務というのは文書主義なのか、ということでした。それまでの自分には考えたこともないことでした。もっともこれは誰かに教えてもらったことではありません。経験をもとに、ああ、そういうことなのか、と実感として気づいたことです。

　ネガティブな言い方になりますが、役人というのは文書に示されていないこと、根拠のないことは、基本的に実行しないものです。文書に書いてあることをなぞる人たちだから、何のためにこの規定がつくられたとか、何のためにこの仕事をするのかということを大きな視野で根本から考えることが非常に少ないのかとも感じました。別の言い方をすればそれを考えなくていいほどとにかく仕事のマニュアルが徹底してきめ細やかにつくられています。僕の経験では優れている部署ほどマニュアルが厳密につくられています。役所の世界は担当者が頻繁に異動しますから、担当者が替わっても仕事が円滑に進むようにしているのです。教員の世界に比べればはるかに組織的ですし、仕事のミスも少ないのです。

しかし、見方を変えれば規定が何のためにつくられたかを忘れてしまい、ひたすら規定どおりに実行することが目的になりがちです。いわゆる手段が目的化している現象が、最も目立つ組織が役所です。意識の低い担当者は時折、何のためにできた規定かということすら忘れてしまいます。文書主義で仕事をするのは当然としても、大切なのはその文書の根拠を大元まで徹底してたどるべきであるということです。

文書に基づいて仕事をしなければいけないということを知った僕は、つねに文書を調べる、根拠や規定を調べるという癖がつきました。

なにかしら問題が起こるたび、「この根拠は何だろう？」と、すぐにいちいち調べて、「あっ、この法律か」と研究していました。

特に議会で課長や教育長が質問を受けた場合、どういうふうに答えればいいのだろうかという想定は非常に勉強になりましたし、そうした一つひとつの積み重ねが、その後の校長の仕事には大いに役立っています。

学校運営に必要なヒト、モノ、カネ

そもそも教育委員会という組織について、正確に理解している教師がどれくらいいるでしょうか。

多くの教師はあまり関心を持っていません。だから平気で「教育委員会は文科省の手先だ」とか「グルになっている」「監視組織だ」などと、ひとくくりにして悪者だと決めつけてしまうのでしょう。

僕は中に入って仕事をしてみて初めて、教育委員会という組織がどのように機能しているのか、詳細を知ることができました。公立学校の校長となって仕事をしたいという人は、教育委員会のしくみについての知識は不可欠だと思います。教育委員会を知ることによって、校長として適切に力を借りたり、さまざまな協力を得たりすることができるからです。

教育の組織や制度への理解は、校長にとって大きいものです。多少話が複雑になりますが、ぜひ知っていただきたいことを思い切ってお話ししようと思います。

そもそも学校を運営していく時、必要になる土台とは何でしょうか。

それはヒト、モノ、カネです。

例えばイギリスの公立学校の場合はヒト、モノ、カネの３つのすべてが学校に属しています。教員を雇う時は学校長が公募・面接をして選びます。給与も学校が支払います。つまり、イギリスの公立学校の場合は、ヒト、モノ、カネの権限すべてが校長にあるわけです。とてもわかりやすいシステムです。

しかし、日本の場合は、複雑でわかりにくくなっています。

地域によって違いがあるので、話をわかりやすくするためにここでは東京都を例にしたいと思います。

学校には「設置者」がいます。

「設置者」とは学校を置くことができる権限を持つ主体のことで、東京都の公立学校の場合は都、そして23区や市といった自治体です。

ですから「モノ」、つまり学校は、区や市が設置する権限を持っています。

実は、以前の設置者は都教委だったのですが、２０００年の「地方教育行政の組織及び運営に関する法律」が改正されたことにより、区や市の教育委員会へ移りました。これはとても大きな変化でした。

公立学校は、より地域に密着し、独立した運営を求められることになったのです。

では「ヒト」、つまり採用など人事は誰が決めるのでしょうか？

ちょっと意外に感じる方がいるかもしれませんが教員の採用、処分、校長の昇進といったことは都教委が決めます。

文科省は教育委員会について「都道府県及び市町村等に置かれる合議制の執行機関であり、生涯学習、教育、文化、スポーツ等の幅広い施策を展開」するとしていますが、都道府県の教育委員会と市区町村の教育委員会では、多少役割に違いがあります。

一般の方々は、文部科学省の下に都道府県の教育委員会があり、その下に台東区や千代田区といった市区町村の教育委員会があるといった序列を想像するのでしょうか。しかし、現実はそうではありません。

それぞれが独立した組織なのです（2000年、地方教育行政の組織及び運営に関する法律の第59条が廃止され、東京都教育委員会と23区の教育委員会は実質、並列関係となりました。法律改正前は区教育委員会は都教委の下部組織）。

簡単に言えば、都教委は「小中学校の教職員の給与費の負担や任命」の仕事をしている一方、市区町村の教育委員会は設置者として「施設の設置や運営」が役割となっています。

例えば千代田区が千代田区立の学校の設置者ですから、教育を運営する権限もすべて千代田区にあります。

少し乱暴な言い方になりますが、都教委は大元の人事を握っていますが、千代田区立麴町中学校の教育内容については、どうこう言う権限はない、ということになります。

市区町村立の小中学校の教員の配置について、もし学校から要望があれば市区町村教育委員会が都教委と交渉する、ということになります。

最後に「カネ」＝予算の方はどうでしょうか。

僕が千代田区麴町中の校長をしていた時は、身分としては千代田区職員であり区の条例に従って仕事をし、給与については東京都から振り込まれるという形でした。教職員給与は、３分の２を都道府県（政令指定都市）、３分の１を国が負担しているのです。

ということで、教育についてのカネ＝予算の一部は国と都道府県が握っています。

市区町村の教育委員会は何をしているのか

では、市区町村の教育委員会は、いったいどんな仕事をしているのでしょうか。

第3章の教育課程の届出の話題でも見たように、地方教育行政の組織及び運営に関する法律を根拠として、市区町村の教育委員会は学校を指導・助言することができます。組織について図3を見てもらうとわかりやすいでしょう。

いわゆる教育委員会には数名の教育委員で構成される「教育委員会」と、その事務を担当する「教育委員会事務局」があります。

一般的に教育委員会は5名ほどで構成されていて、そのうちの1名が教育委員会事務局のトップでもある教育長です。教育長は常勤の職員で、その他の教育委員は非常勤職員ということになります。他の委員は地域の保護者や医師や弁護士などさまざまな立場の方が任命されています。教育長および教育委員は、首長が議会の同意を得て任命します。教育長の任期は3年、教育委員は4年で、再任も可能となっています。

その下の事務局の中には名称は自治体で異なりますが、教育指導課、教育総務課、教育施設課、学務課等があります。職員の多くは区役所職員などの行政マンが担当します。教員や保護者の方々が呼んでいる「教育委員会」というのは、本来の「教育委員会」のことではなく、「教育委員会事務局」のことを指しているということです。

ここで注目してもらいたいのは、学校を直接指導する役割を担う教育指導課です。例えば

図3　教育職員会の組織図

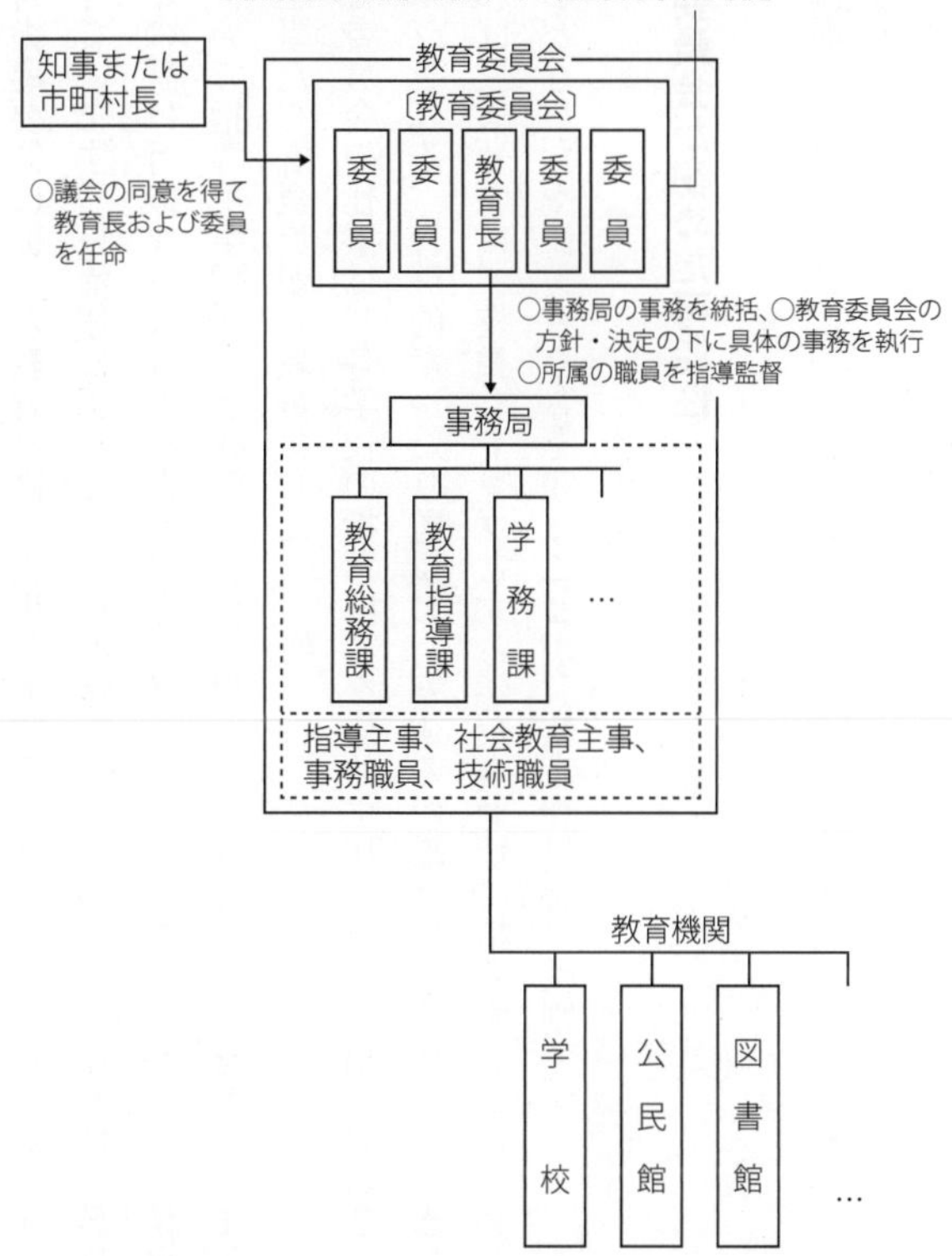

文科省は教育委員会について「都道府県及び市町村等に置かれる合議制の執行機関であり、生涯学習、教育、文化、スポーツ等の幅広い施策を展開」としている。
出所）文部科学省ウェブサイトをもとに作成

各学校が学習指導要領に従った教育計画を提出しているかどうか、チェックをするといった仕事を担当しています。自治体によっては「指導室」とか「指導課」など他の名称で言われています。この課は行政マンよりも教員出身者が多いことも特徴で、かくいう僕自身も、目黒区教育委員会で指導主事、新宿区教育委員会で教育指導課課長などを経験しました。僕の部下の指導主事たちも全員が元教員でした。

地域の教育委員会の仕事は、各学校の指導内容を法的根拠に従って指導することです。一般的にイメージされる、管理的だったり監視したりする組織という側面もたしかにあります。問題があれば放置せずに、校長をトップとする学校を適切に指導することが必要です。それによって子どもたちや保護者たちを守ることが、教育委員会の役割です。

教育委員会が秘めた可能性

「指導」の側面の他にもうひとつ、教育委員会の大事な仕事としては、学校への「支援」という側面があります。

困っている学校に対して、教育委員会が有用な支援をする。僕はこの「支援」という役割に大いに注目しました。

例えば新宿区教育委員会で指導課長をしていた時、毎年新年度になると課の全職員を集めて研修を行っていました。最も強調したのは「教育委員会は誰のために仕事をするのか」ということです。

原点を見つめると、「教育委員会は生徒、そして保護者、地域のために仕事をする組織で良い学校をつくる仕事です」ということになります。

部下たちに対しても必要に応じて、「指導」と「支援」のスイッチを切り替えましょうと僕は繰り返してきました。

何かを実施するとそれが前例になります。僕の経験を通しての偏見ですが、役所は基本的に前例を作りたがらないように感じます。しばしば「文書に規定されていないし、前例がないからそれは無理です」という言葉が役所の中で聞かれます。役所は文書主義なので「こういう支援ができます」と文書で規定されていますが、曖昧な部分の判断については前例に委ねられてしまうわけです。

ということは、文書に書かれていることの最大限を読み取ればいいのです。

「学校を支援するために、ここまでやっていいですよ、と読み取れるものについては最大限の支援をしてください。もし、学校を支援するために法的な根拠を踏まえた規定が不十分だとすれば、できないと諦めるのではなく規定そのものを修正する手続きを取ればいいのです」と部下に指示しました。

裁量が利く余地はたくさんあります。法的な整備を含め、時には条例を変えるという大きな調整が必要なこともあるでしょうし、たかだか要綱を変えるだけで支援の幅がぐっと広がるケースもあります。

民間企業との付き合い方

限界があると同時にまだまだやれることはある。僕は教育委員会でできる限りの支援をしたいと考え、実際にその方法を探りました。

一例として、僕が新宿区教育委員会の「学校情報化」担当チーム統括指導主事として取り組んだ支援の仕事についてお話ししたいと思います。

公立学校ＩＣＴ（情報通信技術）化事業として、ＩＣＴ環境を整備することは、当時とても大事なテーマでした。

しかし、一方で忙しい教員たちに使い勝手のわからないＩＴを導入することで、さらなる負担を強いることになってしまってはいけない、という心配もありました。

ただ新たなシステムを導入するだけでは、教員が使いこなせないかもしれません。使うための研修も必要になり、時間も労力も割かなくてはなりません。機器を導入しただけではまったく意味がないのですから。授業準備のために都度、時間をかけるようでは教員の負担が増えて本末転倒です。そこで外部企業の協力を得ることにしました。

例えば、配線等がすべて事前にセットアップされていて、そのままで使える「ＩＴ教卓」という機器を新たに開発することにしました。黒板をホワイトボードに置き換えて、超短焦点プロジェクタを使って画面を投射する方法を導入したのです。簡単に言えば、現場の教員たちが負担なくすぐに使えるＩＣＴ化を推進したということです。

ちなみに民間との交渉の仕方にも、ポイントがあります。上から目線で民間企業を利用してやろう、という姿勢はもってのほかです。あくまで公務員としての立場をわきまえながら、民間とお互いにウイン・ウインになるようにするのです。やはり、みんなが幸せになる方法って何なんだろうか、と考えるべきだと思うのです。

ベンチャー企業を相手にした時は、将来的にその企業が教育の本質をついた、みんなの役に立つような仕事ができるような企業に成長するためにはどうしたらいいかといったように、僕は考えています。実際、当時は小さなベンチャーにすぎない存在だったのに、今は大きな企業になっているケースはいくつもあります。その人たちが今なお、いろんなアイディアを持ってきてくれたりして僕を助けてくれています。

教育委員会は学校を支援すべし

話を元に戻すと、ＩＣＴ化にはもちろん、最初はいろいろ抵抗を示す教員たちがいました。教員組合も導入には反対でした。

僕は「今なぜＩＣＴ化が必要なのか」という意味と意義を説明して、とことん相手が理解してくれるまでじっくりと向き合って話をしていきました。

教育委員会が現場の負担を増やそうとしているわけではない、ということ。そして、生徒たち、保護者たちのためになる。だから導入したいと教育委員会は考えている。その真意がきちんと伝わった時、全体が動き出しました。

結果としては、ほぼ3年間で区立小中学校全40校、総教室数７００超をＩＣＴ化し、教員たちが使いこなすようになりました。学校側が喜ぶような支援ができたと自負しています。教育委員会は助言をくれる。我々の味方なのだ、という理解が深まっていくと、「ぜひアドバイスをしてほしい」「ぜひ指導課長から校長へもちかけてほしい」などさまざまな要望も出てきました。「わからず屋の校長を動かすためには、教育委員会から話をするほうが物事が進みますのでよろしく」というお願いもありました。

教育委員会は決して監視一本ではなくて、学校を良くしていく奉仕者としての役割を担っている。そうした自覚のもとに仕事を進めていくことが何より大切です。教育委員会は資金面、施設面でより良い教育活動をするための法的な根拠を持っているのですから、最大限学校を支援すべきなのです。

議員というステークホルダー

教育委員会の場合、一番ネックになるのは、区長や市長といった首長です。自治体というのは教育に対して中立を保つことから、議会の本会議においても教育分野に関してはすべて教育長が責任を負いますし、答弁も首長ではなく教育長が行います。しかし予算については一括して自治体がとりまとめ、議会に予算を提出するわけですから、予算が通るか通らないかが、教育でどんな支援ができるかということに大きく関わってくるのです。

すると当然ですが、現実の問題として議会の与党と野党との付き合い方が、非常に重要になってきます。

議員は自分たちのアイディアでつくった政策が通れば通るほど選挙に当選しやすくなるので、当然、自分たちの施策を通してくれという話になりますし、役所側は予算を承認してくれやすい与党を見て仕事をすることになりがちです。野党からどれだけいい案が出てきても、なかなか通りづらい構造になっている。これは議会の力学のリアルです。文科省も然り(しか)ですが、省庁が議会において決定する力を持っている与党に、より説明の時間を割かざるを得ないのは、ある意味当然の構図だということです。

経験上、教育も例外ではなく、与党から出てきたアイディアに対して、いきなり「NO」とはなかなか言えません。しかし、そのアイディアをそのまま鵜呑みにして施策にしてしまったら、たとえ一見良いアイディアに見えても結果として学校の首を絞めることになってしまうことだってあります。もし与党から出てきた思いつきレベルの政策が、右から左へと教育委員会の施策になってしまうような事態が起こるようであれば、その自治体の教育力が向上するわけがありません。

物事が多数決で決まるという議会の力学上、逆に野党側からたとえ優れた案が出たとしても少数派からの案ではなかなか議会を通すことが難しい、といった現実もあります。

あるいは、反対が出ないような前例踏襲の案が採用されがちで、結局同じことの繰り返しが続いていくことになりやすい構図も生まれます。

しかし、議会で物事が決まっていく構図を前にして、それをネガティブに捉え、批判ばかりしていても現実を変えることはできません。変えるのは、結局は人の本気の力です。

本来、教育委員会は教育の専門家として、誰のためにやっているのかということを、与党・野党関係なく議員相手に語り、説得するという務めがすごく大事なのです。それができる教育者かどうかというのが、特に指導課長（指導室長）には求められます。

だからこそ、議員としっかり信頼関係をつくっておく必要があるわけです。つまりは与党・野党関係なく誠実に付き合うことが大切なのです。

僕が指導課長になったばかりの頃、議会の答弁は、与党に対する質問でも野党に対する質問でも変わりなく答えていたので、教育長や区長に対して与党からクレームがきたことがありました。「今度の指導課長は与党とか野党とか関係なくしゃべるね」と。

僕は機会を捉えては話をすることに力を注ぎました。与党にも野党にも同じように接し、質問がくれば正面から丁寧に答え、諦めずに根気よく、一人ひとりと信頼関係を構築していくことを心掛けました。

その結果として、「この指導課長は子どもたちのことを本気で考えて、改善に取り組むつもりらしい」とわかってもらえたと感じています。事実、与党からのクレームはまったくなくなりました。そして、はじめから敵対関係で向かってくるような野党側の雰囲気も消えていったのです。僕自身、だんだん信頼が深まっていくことを感じるようになりましたし、時には議場での僕の答弁に与野党なく拍手をしてくれることもありました。

議会が子どもたちの成長を考え、市民や区民に質の高い教育を提供するために何ができるかを考える場所へとなっていくことは、教育者としてとてつもない喜びです。選挙で票が欲しいからというレベルの争いの場ではなく、本当にみんなで教育を考えようという場所です。

物事が決まっていく力学構造

校長は、時々政治的または経済的なしがらみに直面することがあります。

例を挙げて説明しましょう。

繰り返し申し上げているように、教育課程は校長に権限があります。しかしながら、実は公立中学校においては修学旅行の行き先が決められていたり、農業体験が義務づけられていたりする自治体があります。そうしたものは一度決まると、校長にいくら教育課程の権限があるといっても、自分の学校だけ違う場所に変更するのはとても難しいことです。自治体同士の付き合いや力学があり、訪れた先の地方にお金を落とすという意味あいもあるからです。

これらの行事は自治体が費用を補助してくれるという面では意味がありますが、行く場所や活動内容までが決定されてしまうことについては、非常に問題があると考えています。

このように、校長として自分がやりたいことを貫くためには、物事が決まっていく力学や構造、そのリアルなプロセスを知らなくてはなりません。

規則を使いこなすためには、当然ながら規則について正確に知ることが必要です。

自分にはどのような権限があり、遂行しようとすれば何が必要か。

それを踏まえて、議員や教育委員会とどのように関わればよいのか。

それがわかると、新しいプランも立てやすいし実践しやすくなるはずです。

教育委員会から「この施策をやります」と伝えられ、たとえ意に沿わなくてもやらざるを得ないといった矛盾は生じます。受け入れないという自由もあるのですが、だからといって自分のやりたいように実行するのが難しい時もあります。

その結果、現実的には教育委員会の指導に従う、ということになりがちです。

相手と無用にぶつかって対立が固定化してしまえば、何よりも生徒や保護者のためになりません。意見の対立する相手がいた時、打ち負かそうと考えず、できるだけ敵をつくらず、「勝ちながら変える」。ソフトランディングをめざすことも重要です。

【コラム　校長の〝先生〟】４　素晴らしいヒントをくれた「１００人会議」

僕は合意形成について試行錯誤を重ねてきましたが、大きなヒントになった実践例があります。それは、「流しの公務員」と呼ばれる山田朝夫さんが考え出された「１００人会議」という方法です。

山田さんは自治省の官僚を辞めて地方自治体の職員や副市長を転々とし、まちづくりに携わってきたプロフェッショナルです。

山田さんが考えた「１００人会議」という方法には、とても興味深いものがあります。赤字を垂れ流す常滑（とこなめ）市民病院という地域病院を舞台にして、閉院するのか再生させるのかの選択をめぐって町が二分されていました。その状態の中で、合意を作っていくプロセスでした。より詳しくは『流しの公務員の冒険――霞が関から現場への旅』（時事通信社、２０１６年）という山田さんの著書をご覧いただければと思いますが、最初は、委員になりたい人を集めたそうです。そうすると、当然ながら「意見を言いたい人」が集まってきます。市の提案した方向に反対意見を言いたい人たちが3割ほど集まりました。その他の6〜7割を、一般市民の中から抽選で選んで、100人の委員会ができました。

そしてさまざまな視点から専門家を呼んでレクチャーをしてもらい、質疑応答を繰り返していく。

当初30人ぐらいの人が、反対意見や行政に対する批判を表明するのですが、次第に一般市民が知識を得て現状について分析し、意見を言うようになります。そうすると全体が「このプロジェクトは、そもそも何をめざしているのか」という本質の部分を見ようと変わっていくのだそうです。

それにつれて、当初過激な意見を言っていた30人のほうも変化しました。

対立感情を超えて、僕の言葉でいえば本当の当事者になって市民たちが議論していったのです。山田さん自身は仕切り役に留まり、市民が議論し、結論を出すのですから病院を廃止すると決めても市長が責任を問われることはありませんし、もし存続となれば市民は積極的に病院を支えてくれる、と考えたのです。

病院は最終的に存続と決まり、市民の間に「僕たちが病院を支えていこう」という合意ができて、破綻寸前だった経営は改善していったといいます。

無作為に選んだ市民を中心に自由に討議する「１００人会議」という方法に、僕は素晴らしいヒントをもらいました。

第5章　保護者やＰＴＡとどう付き合うか？

入学式に保護者に伝える3つのこと

学校のステークホルダーといえば、前章で取り上げた教育委員会や議会、あるいは民間企業よりも大切な存在、保護者を取り上げないわけにはいきません。保護者とのコミュニケーションの取り方は、校長にとって必須のスキルです。

最近、クレームを訴えてくる保護者が多いので、教員たちは保護者を怖がって臆病になっているように思います。麹町中でもその風潮を感じましたが、日本中が同様だと思います。保護者から言いたい放題に責められて、対する教員はサービスで答えれば答えるほど、また相手の要求がエスカレートする。そして結局は当事者意識を忘れ、人のせいにする子どもたちが育つ……なんて悪循環に陥っているのです。

しかし、繰り返し述べているように、みんなを当事者にするのが教育です。その最上位目標を頭では理解していても、やはりスキルと言葉を持っていないと、対応に困るのも事実です。

僕は横浜創英中学の入学式では必ず保護者に3つのことを伝えています。まずは教育目標です。「自律・対話・創造」という教育目標のうちの「自律」と「対話」の2つについてお話をします。

「自律」を一言で言えば、不透明な時代においてはますます自分で考えて行動する力が大事だということです。

ここにA君とB君がいて、A君は親や先生の言うことをよく聞く、いわゆる素直な子。勉強も言われたことをきちんとやって、成績もいい。でも自分で考えるわけではなく、指示待ちタイプ。対するB君は親の言うことを聞かず、先生の言うことも聞かない。勉強もやる気がない、成績も今ひとつ。でも、この子は自分で決めたことは自分でできる子に育っている。横浜創英はB君を育てる学校です。主体性を失った子どもが主体性を取り戻すリハビリには、それなりの時間がかかります。覚悟してください、と話します。

もうひとつの「対話」は、みんな違っていいのだから、当然、トラブルも起きるということです。

1年生のうちは、頻繁に喧嘩が起こりますとも保護者に伝えます。もちろん放任することはありませんし、必ず丁寧に間に入り、解決する当事者は子どもたちであることを教えていく、そういう学校です、と。あるいは「発達に特性があってパニックになって暴れる子も中にはいます」と伝えると、たまに保護者の中に「その子を排除してくれ」という人がいるのです。「別教室に移せませんか」と言ってきたりするのですが、「うちは一切、そういうことは行いません。絶対に誰かを排除することはありません。でもそれをちゃんと子どもたち同士が自分たちで解決できるようになります。そこも覚悟してきてくださいね」と説明しているのです。

この2つの話をすると、保護者は自分がクレーマーだと思われたくないから相談できないと考える方もいらっしゃるかもしれません。

そこで3つめの話を加えます。

「なんかこう言われちゃうと、相談しづらくなったでしょう。でも、子育てってね、今、悩んでいる子どもをほうっておいていいのか、介入したほうがいいのか迷うんですよ。結果として、こうすればよかったということが多いから、もし相談していいのかどうか迷ったら、遠慮なく相談してください」と。

さらに、中には、僕らのことを信用できなくて、学校に子どもを人質に取られていると思って相談できない保護者もいます。そこで、「相談することによって自分の子どもの扱いが悪くなるんじゃないかなんて心配する人もいるみたいです。その時には匿名で結構ですよ」

と付け加えています。

「たとえ匿名のお電話でも、うちの学校では対応の結果もきちんとお伝えしますから、心配しないでください。必ず一度目のお電話の際には、こう付け加えますから。『匿名で結構ですから、もう一度お電話いただけますか？　２～３日後ならどんなふうに子どもたちが変わったか、お答えできると思うので。もし構わなかったら、２日後の夕方にでもお電話いただけますか。またはご都合のよい時間があったら教えてください』と」

保護者は、入学式でそんなことを言われるので、びっくりしながらも安心するみたいです。

まずは入学式という一番はじめの交流の機会をつかって、余計な先入観を可能な限り取り除いて、安心な学校づくりをめざしていきます、そしてこのメッセージは同時に聞いている教員たちにも安心とそれなりの覚悟を与えることにもつながります。

教員たちが身につけるべきクレーム対応術

前述のように教員たちには、匿名で電話が来た場合のさまざまな対応をマスターしておくように指導しています。

例えば、「歩道の歩き方が、横に広がったりふざけたりしていてマナーが悪い」といったように、地域からクレームを受けることがあります。そういう電話を受けたら、多くの教員はまず「申し訳ありません」と謝って「後で教員たちにパトロールさせます」などと返すと思います。それでも「おたくの生徒たちは……」と、矢継ぎ早にクレームを言われた場合、とりあえずそれを聞いてあげることです。

吐き出し終わった頃を見計らってこんなふうに返します。「僕らも、このことについては日頃から口すっぱく注意しているんです。でも最近の子どもは親の言うことさえ聞きませんね。そんな子どもたちに言い聞かせるのはなかなか難しいんですよ」。

こんな返しに「そりゃそうだよね」とすぐに共感してくれる方もいますが、その上で、「いやー、でも、こうやって、こういうお電話をいただけると、あらためて子どもに厳しく注意できるので助かります。ありがとうございます」と感謝を述べるのです。さらに前述の「匿名で結構ですから、もう一度お電話いただけますか」を付け加えれば完璧です。きっとほとんどの方が上から目線のクレーマーから、子どもたちを共に育てる当事者として横に立ってくれるはずです。

僕は教員に、こうした一連のセリフとストーリーをＯＪＴの中で教えています。

学校の多くの先生たちは、クレームを言ってくる人は人間性が良くないから、とても説得なんてできないと思っています。しかし問題は、人間性ではありません。教員が相手の立場を理解できていないことが原因なのです。

誰であれ、クレームを言ってくる人たちはものすごくエネルギーが必要なはずです。やむにやまれず電話しなければいけない状況に追い込まれているわけですから、その悩みの立場を考えてあげる。

ただし、決してまともに正面から受けるのではなく、横に立ってあげることがポイントです。クレームには「受けて立つな、横に立て」と僕は教員に伝えています。相手が悪いときでも、「決して責めるな、横に立て」、と。

子どものトラブルで保護者を学校に呼んだ際も、決して親を責めないことです。「さすがに今回は、子どもの力だけでは解決できません。ここは大人の出番です。協力して対応しましょう。来てくださってありがとうございます」という感じで始めたいものです。そして、「まずはどうやって本人にお灸を据えるか考えましょう。子どもがお父さん、お母さんに支えられている、そして僕らにも支えられているから、解決できるんだということをしっかりと教えましょう」と。

つまり、保護者と学校は、共に子どもを育てる当事者であろうよと伝えることがポイントなのです。

もちろん、中には当該の教員たちの手に負えないような案件もあります。その時は、「大丈夫。僕がやるから」と校長が対応の前面に立ちます。教員たちからすれば、校長がそうやって最後に責任をとってくれるのは、とても安心感があってありがたいものです。だからこそ校長は、保護者や地域とのコミュニケーション技術を身につけておかねばなりません。

「なぜ教師は手伝ってくれない」と不満のＰＴＡ

保護者と学校の接点といえば、ＰＴＡ（Parent-Teacher Association）に触れないわけにはいきません。ＰＴＡの成り立ちは、もともと戦後にＧＨＱ（連合国軍最高司令官総司令部）が日本中に強制的に作らせた組織です。日本が再び軍国主義的な教育を行わないために、監視役を期待されていたのです。ＰＴＡというのは奇妙な組織で、法的な根拠で言えば、学校に最も近い、任意の社会教育団体と位置づけられます。任意ですから、入るも入らないも自由なわけです。

僕は教育委員会に勤めていた時に、ＰＴＡに関しても文献を調べて、自分で整理していきました。日本中の学校で多くの場合、ＰＴＡという組織は存続すること自体が目的になってしまい、設立当初の目的や法的根拠がわからなくなっています。共働きの家庭が多い現在では、会議体のもち方や活動への参加の問題などさまざまな問題が起きています。それにもかかわらず、惰性で続けているのが現状です。

最近のＰＴＡの保護者の人たちの中には、ＰＴＡなんかいらないという意見の人たちも増えています。でも、Ｐ（保護者）と違ってＴ（教員）は、なかなか任意であるべきだとは、自ら言い出しづらい風潮があるわけです。勤務先ではない団体になぜ加入しなければいけないのかということすら問われていません。

それどころか、保護者の中には「ＰとＴのアソシエーションなのに、なぜＴは手伝ってくれないのか」という人たちさえいます。

ＰＴＡという組織は学校に最も近い任意の社会教育団体ということになりますが、教員の立場から考えると、ＰＴＡ活動は仕事なのかボランティアなのか、とても曖昧な位置づけなのです。

法的な意味で少し厳密にお話をすると、教員はなぜ職務とは別に任意の教育団体に入らなければいけないのか。さらに学校によっては教員までＰＴＡ会費を取られています。これは常識に照らしておかしくないでしょうか。

教員にとってＰＴＡ活動は勤務時間外の仕事であり、さらに会費まで払ってボランティア的な活動をしているのです。「ＰＴＡは任意である」というのは、むしろ教員のほうが言いたいことです。乱暴な言い方ですが教員はある種、被害者なのです。

ＰＴＡ活動がなければ学校が運営できないかといえば、そんなことはなくて、ほとんど困ることはありません。それどころか教員の仕事は減ります。例えばＰＴＡ会報の原稿をチェックしなくていいし、会合に出席しなくてすむ。ＰＴＡ活動がなくなることを歓迎する教員は少なくないのです。

僕は麹町中で、そういったことをＰＴＡの役員たちに伝えました。みんな驚いて、それは先生も大変だという話になり、教員がボランティアで行っている部活動の顧問をＰＴＡ活動に組み入れようということになりました。ＰＴＡ活動の中に組織として学級委員会とか広報委員会とか校外委員会とかいろいろある中に、部活動委員会を立ち上げて、その構成メンバーを教員にしたのです。

すると、ＴはＰＴＡ活動に参加していないのではなく、すでに部活動でこんなにボランティアをしていたのだという理解が進みました。

麹町中では、6年間かけてさまざまな視点からPTA改革を行いました。なくすよりも存続させたほうがいいということであれば、ＰＴＡに入ってよかったと思うインセンティブがあるしくみに変えようという方向で話が進んでいったのです。

最初に取り組んだ一番大きな改革は、会則を変えることでした。ＰＴＡの細則は1年に1回行う運営委員会で改定できるのですが、半分以上の出席で3分の2以上の賛成がないと改定できないとされていました。すると何かを変えるのが1年先になってしまいます。これだと何かに疑問を抱いた人がいたとしても、変えようという気が削がれてしまいます。

つまりしくみそのものが、変えられないしくみになっていたわけです。

そこでまず、毎月行われている運営委員会で、細則を変えられるようにしたのです。すると、さまざまな変化が起きました。ＰＴＡの広報誌をやめて、学校のホームページ上にいつでも上げられるようにしたり、会議もスマホのコミュニケーションツールで済ませ、専業主婦も働いている人も生活時間帯が違う人同士で調整がつけられるような改善をしてくれたりしました。

ＰＴＡという組織は入会してみると、ほぼ１００パーセントの人たちが「おかしいよね」

と感じると言っていいほど、さまざまな問題を抱えています。しかしながら、規約の変更手続きはなかなか面倒なので、みんなが我慢してとりあえず1年間をやりすごす。「毎年やっていることだから、これはやらなきゃいけないね……」なんていう発言に見られるように、手段が目的化してしまっているのです。

本来PTAの活動は何なのか、目標設定から考えなければいけません。今、それを吟味し直す時期が来ています。特に保護者の働き方が多様化していますので、PTAのあり方は先送りをしないで一から考え直さなければならないのです。

手にした自由に、困惑する大人たち

麹町中の具体例の話を続けます。

制服のリニューアルの検討にあたり、生徒たちと保護者たちが中心となって取り組んでもらった時のお話です。およそ3年の間にどのようなプロセスがあったのか、その一部を紹介しましょう。

保護者たちの検討は、PTAの組織上に位置づけて行いました。

検討を始めた2年目、ある実験を行いました。夏の時期、３週間ほどいったん服装に対する規制をなくしてみることにしたのです。私服でいいよということです。結果はＴシャツや短パン、キュロットなどそれぞれが思い思いの格好で登校したのです。みんな涼しくて快適で、汗をかいても着替えが簡単な服装を選んだのです。経済的だし機能的で「自由っていいね」という結論です。

「もう制服は要らないんじゃない。制服をやめて自由にしようよ」

そんな方向性さえ見えてきたのでした。

しかし、冬の時期にもう一度、あらためて同様の実験をしてみると、意外な結果になりました。初日こそ私服を楽しんでいた生徒たちの8割ほどが制服に戻ったのです。自由にもいろいろな課題があることが見えてきたのです。

制服を着るのをやめると服装はたしかに自由になりますが、冬服は夏とは異なり重ね着も必要だし、コーディネートが気になります。朝の慌ただしい時間に服を選ぶのが面倒だし、親の経済的な負担も増えるというさまざまなマイナスの点が見えてきたのです。

子どもたちは「僕らは結局、大人ではないのでまだ完璧な自由はムリかも。とりあえず制服はあったほうが便利じゃないか」という結論にたどり着いたのです。

その一方で、この実験中ずっと一部の生徒たちは私服を存分に楽しんでいました。だとすれば「制服でも、私服でもどちらでもいい」という決まりにして、一人ひとりに任せたらよいではないか、という解答を出したのです。

こうして生徒たちは「全員がＯＫ」である結論を探し出していったのでした。

ＰＴＡをはじめ多くの大人たちに支えられ、確実に対話の力を上げていった生徒たちの裏でとても苦しんだのは、実は大人のほうでした。

校長２年目の僕はＰＴＡの中に制服等検討委員会を立ち上げてもらい、「校則についてのすべてを保護者に権限をあげますので、学校は保護者の方が決定した方針をルールにします」と伝えていました。

とは言っても議論はなかなか円滑に進んでいきません。制服の問題にいたっては保護者同士で感情的な争いになってしまうこともありました。

制服も何もかも学校が決めていた時は、「もっと自由にさせてくれ」とか逆に「もっと厳しくしてくれ」など文句や要望を言っていればよかった。

その保護者たちが、決める権限を得てしまった。

「権限をあげます」と言われても、どうしたらいいかわからないのは当然です。

しかし、服装に関して当事者は生徒と保護者です。経済的な面では親が当事者であり、実際に服を着るのは子どもたちです。

校長の僕は、決定するにあたってひとつだけ条件を出しました。とても難しい条件です。「最上位の目標として、誰一人置き去りにしないでください」と。

多数決で決めることも、アンケートの結果で決めることも基本的にはダメだと伝えたのです。

子どもにできることが、大人にできなくていいのか

その後ＰＴＡの制服等検討委員会は、それから1年程の時間をかけて調査や研究を重ねていきました。

当時の麹町中の男子は詰襟の制服を着ていましたが、それは70年以上続いてきた伝統でもありました。40代ぐらいのＯＢの中には、詰襟がなくなるのは嫌だ、反対だという方々もいました。母校を大事な思い出や大切なブランドとして見れば、その象徴を失いたくないという思いもあったでしょう。

「ブレザーがいい」「自由がいい」「詰襟はやめたほうがいい」など、いろいろな意見が出されました。パネルディスカッションをしたり議論を重ねたりしていくうちに、話し合いは2年目に入って、肌が敏感な生徒や発達に特性のある生徒たちも含めてどの生徒も着やすい「ブレザー」という新たな方向性がようやく見えてきました。

ほっとした気分もつかのま、ことは簡単に進みませんでした。

春になって新しく1年生が入学すると、ＰＴＡにも新たに「制服等検討委員会に入りたい」という親たちが出てきます。新メンバーが入って議論が始まると、話が一から元に戻ってしまうのでした。せっかく「ブレザー」という合意にたどり着きそうだったのに、それに対して反論も出たりします。

やっとたどり着いた合意が、目の前で崩壊しそうになるのを見て、保護者の間で険悪な雰囲気が漂い始めました。10人ぐらいの保護者たちが校長室にやってくると、激しく言い合うシーンが僕の前で繰り広げられました。

当事者の皆さんには失礼な言い方ですが、僕には、まるで子ども同士の喧嘩のように感じられました。

「校長先生聞いてください！」「今の言い方、ひどいですよ」などと僕に訴えてきて話し合いが継続できそうもなくなったのです。

　とりあえずは僕が間に入りその場の争いを諫め、ＰＴＡ常置委員会という別の機会に、保護者の方々にこう言いました。

「子どもたちを見てください。体育祭の時、１割の子どもたちの意見もきちんととりこんで全員の合意を作ったではないですか。子どもたちは『全員ＯＫである合意を探し出す』ことができたのです、僕ら大人も子どもたちを見習いましょう」

　ＰＴＡは時間をかけて制服等検討委員会で議論したり調査をしたりして、何とかして全員がＯＫの合意を見つけようと頑張りました。意見はいろいろあっていいのです。言いたいことを言うのは健全であり、価値観は一人ひとり、同じでないのは当然です。

　しかし、言い合ってばかりで、合意が見つけられないのでは困ります。

　子どもたちができたのだから、大人にできないわけはない。

　制服の問題はそうした試行錯誤を経ながらも、着実に前に進んでいきました。

　ついには「勉強や生活などと服装とは何の関係もない」という理解が深まり、教員、生徒、ＰＴＡと少しずつ合意ができていった結果、「制服も頭髪も規制しなくていい」という結論になりました。

この空気は次第に学校全体に広がっていき、いろいろな髪色や私服の子どもたちがいることが当たり前の日常になっていきました。

保護者同士が対立したとき、校長はどうすべきか？

いま麹町中の例で見たように、保護者同士が対立したとき、校長はどのような立場に立つべきでしょうか。

僕の場合、対立が起こることを前提にしているので、どんな時もほとんど動揺することはありません。校長にありがちなのは、どちらかの味方になるケースです。「片方の味方にはなりたくない」と言いながらも、どちらかの味方になってしまっていることが多いのです。やはり自分に友好的な側の味方をしがちなのですが、僕は基本的にどちらの味方でもないし、どちらの敵でもないというスタンスです。もちろん、どちらが望ましいかは自分の中にしっかり持っていますが、それを発言するタイミングが大切です。

対立まっただ中の時は、僕はこんな発言をしています。「感情的な問題は一度置いておきましょう。まずは事実について整理しましょうか。どちらの意見も結局は学校の活動が良くなるようにと思っているのですから、対立が起こっているように感じてしまいますが、冷静に考えれば実は対立していませんよね。活動をより良くするための手段・考え方が違っているだけですから、今、問題なのは、感情的になっていることです。これをまずは抑えましょう」と。

しばしば対立を招きがちなのは、「これってみんなの負担になっている仕事だからなくそうよ」という問題提起です。ところが、続けることに意義を見出して、一所懸命頑張ってきた人たちにとっては、「無駄だから、手間だから、なくそうよ」という言葉は、とても気分を害されやすい言葉なのです。

ならば、同じようにこれをなくすとしても、「なくす」という言葉を使わずに、「いやいや、これが負担になっているという気持ちもわかりますが、逆にこれをもっと発展させませんか」と言ったらどうでしょうか。きっと気分を害する人は少なくなるように思います。たとえ結果として従来の方法をやめることになったとしても。

具体例を挙げましょう。

麹町中は伝統校なので、PTAが議員やら有力者やらを招いて新年会を開いていました。ホテルの宴会場みたいなところが会場で、お酒を呑むから会費が高い。それにPTAの人たちもコートの預かり係とか、くじ引きをして景品を出す係とか、さまざまな負担があったわけです。宴会が始まればPTA役員たちは、まともに食事すらできないほど忙しい。

そこで僕は接待なんかいらないから、とりあえず皆さん食べられるようにしてください、とお話ししました。そして、「こうした会をなくせないか」という人たちがいたので、「それはそうですよね。なくしましょうか」と僕は賛同したのです。

ところが、そこにビビッと反応した人たちがいたのです。これは地雷をふんでしまったと気づいて、すぐに僕は言葉を変えました。

それが「続けるのだったら、発展させましょう」です。

「いろんな地域の方々が集まって、学校の様子を知っていただけるのはいいことですね。ここに生徒も加えませんか」と提案したのです。すると、みんな喜びました。

ちょうど月1回だけ土曜に授業があるので、その日にしたらどうでしょうと話が進みました。結果、生徒会活動や部活動など生徒たちによる発表や表現活動などを見てもらい、食事は簡単なお弁当とお茶だけにしました。生徒が参加するということは、お酒も入らないわけです。会費は8000円から500円になりました。

「発展させて子どもたちも一緒になって、みんなで楽しみませんか」というたったひとつの言葉で、全員が幸せな気持ちで、このことを批判する人が誰もいなくなりました。

言葉は感情の対立を生みやすいので、リーダーが心がけるべきなのは、みんなにとって幸せな言葉とは何か、みんなにとって幸せな目的とは何か、といった言葉を考えていくことなのです。

リーダーが使うべきこうした「言葉」のスキルについては、次章でも続けて考察していきたいと思います。

【コラム　校長の〝先生〟】5　記憶に残るS先生の言葉

山形県で教員をしていた若い頃、言葉について深く学んだ経験があります。

生徒指導主事をしていたS先生の言葉は、今も大切な記憶として残っています。

S先生は生徒たちから恐れられていました。服装が乱れているとか遅刻したりすると厳しく叱ることで有名な先生だったのです。

しかし、厳しいにもかかわらず、多くの生徒たちから一目置かれ人気もありました。

そのS先生が夏休みの前に、子どもたちに語っていたこと。

僕にとっては、とても印象的な言葉でした。

S先生は子どもたちに、たった2つのことしか言わなかったのです。

ひとつは、「必ず元気で学校に帰っておいで」ということでした。

「あなたの命はかけがえのないものだから大切にしなさい、そして必ず元気で学校に帰ってきてね、休みの間に危ないことはしないでね」という言葉をかけていました。

もうひとつ。「休みになって家へ戻るのだから、与えてもらうことや何かしてもらうことばかり期待するのではなくて、自分から家族のために動いてください」ということ。

子どもであっても、家族の一員として役割を果たすようにと語りかけていたのです。

考えてみれば、命を大切にする、そして家族の当事者になりなさい、というこの2つは、人としてとても基本的であり重要なことです。

生きていく上でのいわば究極の課題です。

その2つのことを子どもがわかりやすい平易な言葉で明快に伝えていく姿を見て、大きな影響を受けました。

教育界を見回してみると、教師が夏休み前に語る言葉といったらたいてい「宿題をきちんとやりなさい」「計画を実行しなさい」「朝起きる時間や寝る時間を規律正しく守りなさい」。

こんな話ばかりです。人としての本質的な助言とか人間味溢れる温かさといったものはみじんも感じられませんでした。

S先生についてはもうひとつ、ぜひご紹介したいエピソードがあります。

S先生は毎日、スリーピースの背広を身に着けていました。一方、その頃の僕はといえば、しばしばジャージのような動きやすい格好をしていました。部活動の顧問をしていたこともあってのことでしたが、保護者会になると少しだけ身なりを整えてスラックスにブレザー、ネクタイをして対応する程度でした。ところが、S先生の行動は僕とは真逆だったのです。保護者会になるとセーターやカーディガンなどカジュアルな格好をしていたのです。

ある時、これに気がついた僕はS先生になぜそうしているのか、普通は逆じゃないですか、と尋ねました。S先生は、こう答えてくれました。

「ここは農村地帯でしょ。きれいな格好をしてくる保護者さんも、よく見ると爪の中に土が入っていたりするんだよね。保護者からしたら学校って敷居が高くて、緊張しながら来るのだと思うよ。僕らがスーツとか着ているから、きれいな格好をしなきゃいけないと考えるのかもしれない。保護者が緊張しないように、ラフな格好をしているんだよ」

僕はこれを聞いて、ＴＰＯの本当の意味を教えられました。それ以降、僕はつねに相手がどんな立場の人なのだろうかと考えるようになりました。例えば僕がブレザーにネクタイを着けて学校に来たとしても、対する相手によってブレザーを脱ぐか着るか、考えるようになりましたし、あるいは言葉遣いも「お父様、お母様」と「様」をつけるのか、「お父さん、お母さん」とくだけた調子で話すのか、はたまた標準語でしゃべるのか方言をまじえてしゃべるのか……相手の立場によって、変えるようになりました。

第6章　言葉の力——いかに価値観を揺るがせるか？

校長の言葉が大切な理由

校長をめざす人にとって、言葉をどのように使うかは、とても大事なテーマです。

なぜなら、共感の土台にいつも言葉があるからです。

人は言葉によって動く。

言葉によって行動も変わる。

全校生徒に語りかける機会が与えられている校長は、どのような言葉を発するのか、注意深く考え抜くことが求められます。

例えば朝礼の時。

校長が発した言葉は、どこへ届いていくでしょうか。

もちろん目の前の生徒たちに向かって語りかけているわけですが、しかしその言葉はもっと広範囲へ届いていきます。教員たち、生徒の背後にいる学校関係者や保護者、地域の人々へ、届いていくのです。

つまり、たくさんの相手へメッセージを発信することになります。ですので校長として、考えていることや、やりたいことを伝えるための貴重なチャンスと言えるでしょう。

学校全体をマネジメントしていく役割を担う校長としては、この機会を最大限、活かさない手はありません。

一方で、話を聞いている生徒の中には、集中が途切れがちだったり発達に特性があったりする子もいれば、家庭的な問題を抱えている子もいるかもしれません。

聞き手についてできるだけ想像をめぐらせて、丁寧に言葉を選ぶ必要もあるでしょう。

僕の言葉はどんなふうに相手に届いていくのか。どんな内容の話として受け取られ、意識され、記憶されるのか。僕はつねにそれを考えながら、話す内容を決めていきます。一言で言えば、どれだけ1対1で話せるかです。

とはいえ僕自身も、最初から言葉の大切さに気づいていたわけではありません。

さまざまな試行錯誤を繰り返し、時には失敗や苦い経験もしてきました。

僕は社会に出てしばらく経って、思っていることをただ率直に口にするだけでは不十分かもしれないということに気がつきました。時には言葉によって無意味なハレーションや副作用が発生するということに。

例えば「飲みに行こう」と先輩に誘われた時、あなたならどう答えますか？

「いや、今日は別の用事があるのでお先に失礼します」とストレートに断ることもあるかもしれません。相手と腹を割って話ができる関係なら、それでも問題ないでしょう。しかし、相手とさほど親しくない場合、ストレートに否定されると相手はあまりいい感じがしないかもしれません。

では反対に、最初の第一声で「おお、いいですね」と肯定で返すとしたらどうでしょうか?

もし、その飲み会に行けないとしても、まず肯定の言葉から入ると、印象は大きく違ってくるはずです。

そのように一見些細な中にも、言葉の秘密は眠っています。

僕はよく保護者にこう言います。

「ドラえもんのしずかちゃん、のび太、ジャイアンの言葉を比較してみてください。しずかちゃんの第一声はいつも素敵、いいわね、という肯定的な表現ですね」

否定の言葉から始めないコミュニケーションの仕方の中に、さまざまなヒントが隠れていることを理解してほしいのです。

僕たちは言葉をめぐるさまざまな経験をしています。

多くの方が「あんなふうに言わなければよかった」「もっと良い言い方があっただろう」といった失敗経験や後悔があると思います。そうした経験を活かしていけるかどうかが大事なポイントです。

相手目線で話をするとは？

発した言葉が人にうまく伝わらない時、ついつい相手の理解力が足りないからだと愚痴をこぼしたくなるものです。しかし、コミュニケーションで大切なことは相手がどう受けとるかという想像力です。この力が足りないと、自分は傷つけるつもりがなく口にした言葉が、ちょっとした誤解によって相手を傷つけたりしてしまうこともあります。

その結果として、自分の意思が違う形で伝わってしまったり、やりたいことが実現できなくなったりしては残念です。

教師として仕事をしながら、僕はコミュニケーションについて体験を通して考えるようになりました。

たくさんの子どもたちを教えるということは、言葉の使い方ひとつについても配慮が必要だと痛感しました。

苦い思い出があります。

東京にやってきて最初に受け持ったクラスの中に、父子家庭の子がいました。当時は「父子家庭」についてさほど報道されたり語られたりすることもなく、僕自身も意識していませんでした。

その子に向かって僕は何気なく「これ、お母さんに持っていって見せてね」と配布資料を渡したのです。

しかし、その子の立場になってみればどうでしょうか。

当たり前のように、母親がいる家庭を前提にして話す教師。でも自分の家には母がいない。きっと嫌な思いをしただろうな、と思います。

後にその生徒は「うちはお母さんがいないんです」と僕に言いました。山形での教員時代にも幾度となく同じような失敗に学んできたはずなのに、僕は自分が使った言葉の無神経さに、あらためて気づかされました。その女の子の何とも言えない表情を今も思い出します。

それからは、「お母さん」と言いそうになった時には一拍おいて、「おうちの人」という言葉を選ぶようにしよう、と自覚しました。

性別に関する表現についても同様です。「男としてこうあるべきだ」とか「女々しい」とかいった言葉を、平気で使っている人がいます。僕自身も、例えば「○○さん」「○○君」と男女をつい使い分けて呼んでしまうことがいまだにありますが、こうした感覚は学校教育に携わる人間こそがしっかりと見直していかなければならないことだと感じています。

僕もそうでしたが、大学を出たばかりの頃は子どもから抜けきれていないところもある大人です。そんなまだまだ未熟な教員たちが子どもを教えるのです。自分の未熟さをしっかりと自覚し自問自答しながら、言葉の重みを意識するよう変化していかなくてはなりません。

相手を傷つけない言葉を選ぶ、それはなかなか難しいことです。そして最も配慮しなければいけないポイントでもあります。

大切なのは、自分の視点だけではなく、相手の視点に立って想像してみること。もちろん教育現場だけではなく、社会のどこにいても通じる真理だと思います。

全校集会の話をコラム化し配布する理由

教育界には、「きずな」「心」「和を大切にする」といった精神主義的な言葉が溢れています。それらはいかにも抽象的で具体性を欠いており、教育についてはもっと具体的に課題を認識する必要があると私は考えています。

日本の教育に浸透しているこうした「心の教育」は一見するとわかりやすいようですが、よく考えてみると「心」という一字がいったい何を示すのか抽象的で曖昧です。何かを伝えているようでいて何を示しているかがわかりにくい。そのため、心の教育を大事にしていることの意味を忘れてしまいがちです。

良い行動ができる人になること。

それが教育の目標であり、心の教育がめざすところでしょう。目標を実現するために、心を鍛えているのです。心の教育は、言ってみれば手段にすぎません。

しかし教育の場ではなぜか、心が一番大切なことのように扱われがちです。

そう、目標と手段とが入れ替わってしまうのです。

僕は麹町中の校長時代、この曖昧さと向き合い、曖昧な部分をきちんと言語化していくことが大切だと考えました。

そこで、全校集会でどのような話をしようかと考えて、ある時「心と行動、どちらが大事か」というテーマを取り上げました。

修学旅行で奈良・薬師寺を訪ねた時に聞いたエピソードから話を始めてみました。みんなの記憶に残っている具体的なエピソードが一番、生徒たちの興味をかきたてるからです。

話をする時は「どのような話題から入っていくのか」という筋立て・構成も、伝える工夫としてとても大事です。使う言葉や話のテーマ設定と同じくらい、時間をかけて考えるべきです。

また、話をしたらそれで終わりではなく、僕が考えていることを伝えるために、さまざまな発信の工夫をしました。

そのひとつとして、配布したのがコラムです。講話の内容をあらためてコラムの文章にまとめて全保護者に配りました。全校集会ごと、継続的にコラムを配布し続けたのです。

その理由は簡単です。

学校に赴任した最初の頃は、僕がいったい何者か、校長として何を考えているのか、皆さんはまったく知らない。そのため僕から積極的に発信することが必要でした。

今ならば、ちょっとネット検索すれば僕のインタビュー記事や書籍紹介等も見つかるので、工藤という人間がどんな考えを持っているかわかるかもしれません。しかし、麹町中学に赴任した当時は、他校から突然やってきた見知らぬ一人の校長にすぎません。

また、もうひとつの理由は、一人ひとりの中に、価値観の揺らぎを作って、本質的なことを見つめるきっかけを作りたかったことです。特に子どもたちが教員とか保護者から影響を受けてきた価値観に対し、揺らぎを与えることができます。

同時に、生徒たちと一緒に僕の話を聞いている教員たちに対しても、価値観の揺らぎを与えることも重要です。校長と正反対のことを言うと、「えっ、違うよ」という生徒からの反応があるわけです。こうして教員が日常使う言葉が洗練され、意識も改革されていくわけです。

ここで、麹町中で配布したいくつかのコラムを紹介しましょう。

「心と行動、どちらが大事か」（文責）校長　工藤勇一

《先日の3年生の修学旅行において、奈良の薬師寺の僧侶の方がこんな話をしてくれました。

「心の持ち方、あり様によって行動が変わり、行動を変えると心を変えることができる。」

と。

具体的にはこんなニュアンスのお話だったでしょうか。

「『面白くない、つまらない』と思って授業を受けていると、ついつい頭が下がり、居眠りしてしまったりする。それは、自分の中にあるぐうたらな心が自分の行動をそうさせているのだと。しかし、たとえ、寝不足などで体がひどく疲れきっていたとしても、無理やりにでも姿勢を正し、頭を上げ、顔をしっかり意識して向けていくことによって、元気な心が生まれてくる」

心が行動を決め、行動は心を変える。薬師寺でのお話は心と行動の密接な関係を捉えたとても興味深いものでした。

さて、人は時々「心」にこだわることがあります。特に中学生ぐらいの年代は、自分の心のあり様がとても気になる時代です。自分を見つめ、自分の生き方を深く考える。それは、自分を成長させるためにとても大切なことです。素敵なことだと思います。

しかし、心にこだわりすぎると、善いことをしようと思っても、人目を気にするあまり、臆病になってしまうことがあります。実際せっかく善い行動をしても、「本当はあの人、優しくないのにね」「いい子ぶっているだけだよ」「結局、内申のためだよね」など、否定的に捉える言葉が聞こえてくることがあるのも残念ながら人の世の現実です。

しかし、ここでよく考えてみましょう。ここに、まったく正反対の二人がいるとしましょう。一人は「心の底から優しいことをしたいと思っているのに人目を気にするあまりできない人」。そしてもう一人は、「決して純粋な理由ではないけれど、善いことを行っている人」です。

さて、どちらがより人として価値があるのでしょうか。

人は行動の積み重ねでこそ評価されていくものだと私は思います。そもそも人の心の中など簡単にわかるのでしょうか。私などは自分の心さえ、よくわからないところがあります。誰しもきっとそんなものだと思います。だから生徒の皆さんに言いたい。

「善い行いをしている人をけなしたりしないで。そして、善いと思うことは、できる限り行動に移そうよ」》

心の持ち方や心のありようで行動が変わる。行動を変えると心を変えることができる、ということは日常の中でよく聞く話でしょう。しかし、そこで終わらずに、「心」の曖昧さについても深く考えて伝えてみたい、と僕は思いました。

人は心にこだわる生き物だ。

特に中学生は自分を見つめて迷ったりする。

深く考えることは成長のために素敵だけれど、でも心にこだわりすぎてしまうとどうなるだろうか。

例えば、ある生徒は心の中で「ボランティアをしたい」と思っていた。しかし、まわりから「いい子ぶっている」と言われたくない。そんな気持ちもあって悩んだ。結果として、「ボランティアをやらない」ということを決めた。

もう一人はその逆で、内申書や受験に有利になる、と考えて毎日ボランティアを続けた。

さて、君たちはどっちの子が好きですか？

僕は全校集会で、生徒たちに問いかけました。

すると大半の生徒が「いい子ぶっていると思われたくなくて、ボランティアをしない子のほうが好き」と手を挙げました。

「そうか、なるほど。振り返ると僕もそうだった頃があるなあ」と伝え、すぐに「でも、どうなんだろうか」と投げかけました。

「純粋な理由からではなくボランティアを一生続けた人間と、売名行為だと思われたくなくてボランティアをしないまま死んでいった人間がいる。さあ、どっちの人の行動に価値があるかな？」

問いかけると、子どもたちは急に迷い始めるわけです。

僕はさらに聞きました。

「他人の心の中って見えるだろうか？　その前に、自分の心だって見えないと僕は思うんだよね。例えば電車の中でおじいちゃん、おばあちゃんに時々座席を譲ることがあるんだけど、それは思いやりの心があるから譲ったのか、いい人ぶりたくてやったのか、今の僕ですらよくわからないんだね。自分のこともわからないのに、人の心の中のことなんかわかるだろうか？」

と正直に問いかけました。

校長の僕は、当時50代の後半です。その校長が「自分の心すらわからないんだ」と言うわけです。その時、子どもたちは「人間の本心に触れた」という実感を受ける。

うわあ、自分たちに向かって本当の自分の気持ちを言っているんだな、と直感するのです。

これまでの人生では聞いたことのない本質的な問いや価値観と出会うと、子どもたちは心を揺さぶられます。

「心の教育が大事、心を大事に」と繰り返し聞かされてきたけれど、自分の心がよくわからないと校長先生から言われて考え始める。

学校を変えていく時には、一人ひとりが自分の価値観を揺さぶられる体験をしなければなりません。

揺さぶられるところから、変化は始まるのです。

僕は話の最後に「僕は行動こそ価値があると思う。麹町中は心がどうのこうのじゃなくて、良い行動を続けられる学校でありたい。ボランティアの日に多くの人に参加してほしい。麹町中が、行動に価値があることを知っている生徒たちでいっぱいになってほしいからです」と締めくくりました。

それ以降、多くの生徒たちが堂々とボランティアに参加するようになりました。以前は参加したいけれど迷っていたり躊躇していたりした子どもたちが、誰にも気がねすることなくどんどんボランティアに集まってきました。

こうした語りかけは「ボランティアに参加しなさい」と上から指示するのとは大きく違う。そのことがおわかりいただけたでしょうか。

いい子ぶる、悪い子ぶる

荒れている学校では特に、問題を起こした子どもに対して「本当はいい奴なんだよ」と語るような風潮があります。たしかに、生徒の可能性を全否定したくない、良い面を見つけていこう、とする温かみのある言い方かもしれません。

しかし、こうした言葉が本当に優しさのある言葉だろうか。

問い返してみたいと僕は思いました。

「堂々と真面目に生きる」という話をしたのも、そうした動機からでした。この話は特に子どもたちからの反響が大きかったと記憶しています。

「今、堂々と真面目に生きる」（文責）校長　工藤勇一

《「本当はいい奴なんだけど……」問題を起こした子どもに時々人はこういう言葉を使います。たしかに人を優しく見ていこうとする温かみのある言葉なのかもしれません。ただ、最近、私にはこの言葉が決して優しさのある言葉には思えなくなってきています。以前は、

（私たち親の世代が子どもの頃？）、問題を起こす子どもたちにとって世間はもっと厳しかったような気がします。友達も含めて、みんなが悪いことをしてはいけないというような雰囲気がありました。そんな中で問題を起こせば、きっと独りぼっちになったようないたたまれない気持ちになったものだろうと思います。だからこそ、「本当はいい奴なんだけど」という言葉は人を思いやる温かい言葉として意味があったのだと考えます。

しかし今は逆に「あいつ真面目すぎるんだよな」とか「あいつガリ勉なんだよな」などの言葉に象徴されるように、むしろ真面目に誠実にやっている人をさげすむ雰囲気のほうが世の主流になってしまったのではないかと錯覚してしまうことがあります。こんな中では、「本当はいい奴なんだけど」という言葉はきっと甘えにしかなりません。

社会性が必要だということを強調するためなのか、または、協調性の足りない姿を憂えたからなのか、「多少の悪さができたほうがいい」などという言葉がしばしば使われることがあります。たしかに人が成長するためにはさまざまな経験をすることが大切であるという視点で考えれば、あながち間違っていることではないように感じる方もいるでしょう。実際、メディアに登場する魅力的な方の多くには破天荒な人生を送った方がたくさんいらっしゃいます。また、私自身、子ども時代、学生時代にはそうした考え方に一種憧れのようなものをもって生活していたように思います。

しかし、教員という仕事に就き、長い間、子どもたちと関わってきた現在、それは正しいことだとは決して思いません。むしろ危険な考え方だと強く感じています。テレビの世界で有名な方の中には「昔は暴走族をやっていました」などと自慢げに話をする人がいます。しかし、たとえ若い頃に暴走族をやっていたとしても、その言葉の続きに「あの時は、馬鹿だった」とか、「人に迷惑をかけて申し訳なかった」とか「二度とあの頃には戻りたくない」とかいうことをしっかりと伝えることのできない人は、その経験が自分自身にとって何のためにもなっていなかったということだと思います。

個性を売る仕事として、広告の意味があることを差し引いたとしても、私は許されるべきことではないと考えます。悪いことをして人生経験が深まることは決してありません。その時の苦しみ、またその後に得た苦しみをプラスに変えてこそ経験に意味も出てくるというものです。たとえどんな理由があったとしても人に迷惑をかけたり、傷つけたりしていいわけがありません。ましてや自分の体験を深めようとするため悪さをするなんてことが許されていいはずなどないのです。

われわれ大人は、自分たちの歩んできた道を否定したくないところがあります。私自身、悪さをしたことも含めて自分の歩んできた道を美化しているのかもしれないなと思うことがたびたびあります。社会全体のモラルが欠けてきていると言われている今、大人の言動は子どもたちにとって非常に大切です。駄目なものは駄目。大人としてそれをしっかり伝えていきたいと考えています。

「福祉関係の仕事に就きたいという人が学校の大掃除で一所懸命仕事をする」「人の命を守るべき医者になろうとしている人が、必死になって勉強する」そんなこと当たり前のことです。「掃除もまともにやったことのないまま、福祉の仕事をする」「ほとんど勉強もしないまま、医者の仕事に就く」（そんなことあり得ないことではありますが……）。そのことのほうが問題だと考えます。

真面目結構。ガリ勉結構。堂々と真面目に生きようとすること、それはとても素敵です。一所懸命に努力し、何かに打ち込める人、そして、友達のこうした努力を素直に応援できる人、麹町中学校をそんな生徒たちでいっぱいの学校にしていきたいと思います。

〈備考〉破天荒：「豪快で大胆な様子」本来の意味は「今までに誰もしなかったことをすること」》

コラムに書いたように、僕が子どもの頃は、世間は今より厳しかったので万引きする子はほとんどいませんでした。そんな中で万引きしたら、蔑まれたものです。

しかし、その後、「悪ぶるほうが格好いい」という価値観が子どもたちの間に広がり、ゲームのように万引きすることが珍しくない時代になってしまいました。

街の本屋さんは子どもたちの万引きで大きな損害を受け、閉店に追い込まれていったのです。あまりにも万引きが頻発するので20年ほど前から警察が対策を取り、万引きする子どもたちを徹底して捕まえて指導するようになった結果、件数は大きく減ってきています。

子どもたちは世の中の風潮に大きく影響を受けます。子どもたちの中には、どこか「真面目は良くない」「ふざけたり人を笑わせたりすることに価値がある」という風潮が蔓延していた時代がありました。

例えば、勉強を一所懸命する子には、ガリ勉という刻印を押してからかったりマイナスの評価を下したりする。

コツコツひとつのことを誠実にやっている人を見下そうとする雰囲気が、教室に漂っていたのです。

たしかに人が成長するためにさまざまな経験をすることは大事です。しかし、悪いことをすることで人生経験が深まる、というのはやはり間違っています。

「いい子ぶる」というのは、いい人と思われたいということ。

では、「悪ぶる」というのはどういうことでしょうか。自分の仲間の人間に、いい子ぶっている奴だと思われたくない、ということではないのか。つまりは「いい奴」だと思われたい、ということです。だから、いい子ぶるのと悪ぶるのは、動機において同じです。

しかし動機は同じでも、明らかに違う点があります。悪ぶるために悪い行動をする人と、いい子ぶって良い行動をする人とを比較してみると、行動の中味はまったく違います。社会的に見るとどちらに価値があるでしょうか。

言うまでもありません。そういう話を生徒たちは直感的に理解してくれます。非常にセンシティブに受け取ってくれるのです。

最も良くないこと。それは教員自身までが、真面目な生徒をからかったり嫌ったりする傾向があることです。

ちょっとくらいいい加減でサボったほうがいい、不真面目さも人生経験にとっては必要だと、大まじめに生徒に語る教員がいます。そうした話の影響を、真正面から受ける子どもたちがいるのです。

教員が真面目な人をせせら笑ったりするような文化をぶっ壊すことが必要だと、僕は校長として生徒に語りました。
「麹町中学では、真面目もガリ勉も大歓迎です」と語りかけました。
「堂々と自分の課題に向かって、頑張って生きる姿はとても素敵だよ。一所懸命努力して打ち込める目標がある人は素敵だ。友達のそうした努力を素直に応援できる人がいいな。麹町中をそんな生徒でいっぱいの学校にしたいんだ」と。

感性はなぜ磨き続けないとならないのか

「感性」をテーマに話をした時も、後にコラムにして配布しました。

「感性を磨く」（文責）校長　工藤勇一

《「お席いかがですか？」

この言葉は、ある初老の男性が電車の中で小学生の少女にかけてもらった言葉として、以前ある新聞の投書欄に紹介されていたものです。この男性が初老の方だったからでしょうか、この少女は声をかけた方がきっとお断りしやすいよう、「お席どうぞ」ではなく、「いかがですか」という言葉を選んだのだと思われます。この話を知ったとき、この小学生の思いやり、そしてこのステキな言葉を選んだ感性にとても感心しました。また、私自身を振り返ってみて恥ずかしくも思いました。

私はコンビニで買い物をするとき、店員さんと必要最小限以外ほとんど会話することなどありませんが、最近は「ありがとう」の一言すら言わずに立ち去ってしまう自分に気づくことがあります。以前の自分ならこんなことなかったのにと反省するのですが、まさに感性がさびついていると言わざるを得ません。

「忙しい。忙しい」とグチばかりこぼしている自分。「あれが悪い。これが悪い」とうまくいかないことを何かのせいにして、不幸せの気持ちいっぱいになっている自分。私も含めて、人は時々こんな自分になることがあります。しかし、本当にゆとりがないのか、また、本当に不幸せなのかについては、振り返ってみる必要があるでしょう。もしかすると「ゆとりを感じる心」「幸せを感じる心」そのものが育っていないこと、または薄れてしまったことが問題なのかもしれません。

「感性」とは物事に感じる能力とか感覚のことを言いますが、人は言葉、音楽、芸術、人権感覚など、どんな面においても、十人十色、みんな異なる感性（感覚、感じ方）をもっています。

しかし、冒頭の少女のような「ステキな感性」を身につけていくことは大人でもなかなかできないものです。そして、たとえ一度身についた感性でも直ぐに剝がれてしまうこともあります。

感性を磨くためには自分なりの努力が必要です。ぜひ、麹町中学校の皆さんにはステキな感性との出会いを大切にするとともに、周りの人の心を揺り動かすことのできるステキな感性の持ち主になってほしいと思います。》

ある新聞の投書欄で読んだ文章がもとになり、感性について考えてほしいと思いながら話をして、文章にまとめたものです。

初老の男性が電車の中で小学生の少女から「お席いかがですか」と声をかけられた。少女は相手が断りやすいように「お席どうぞ」ではなく「いかがですか」という言葉を選んだ。投書欄に、いかがですかという言葉をかけられて言葉を選ぶ相手の感性に感心した、とありました。

そして自分のことを振り返り、「恥ずかしくなった」ということを僕は正直に生徒たちに伝えました。

コンビニで買い物をする自分の姿はどうか。必要最小限しか話をしない。最後にありがとうの一言すら言わずに立ち去ったりしている。

前は必ず、ありがとうとかどうもとか言っていたのに、なぜだろう。

「お席いかがですか」という言葉と比べて、僕の感性はさびついている、と校長が告白したわけです。

校長はどうしても高見に立って、「自分はわかっている」という上から目線で生徒に指導したり説教したりしがちです。しかし、僕は指導者というより、自分自身も含めて自分事として話をするように心がけてきました。

自分にゆとりがない。自分は本当に不幸せなのか。自分の行動を振り返ってさまざまな気づきがあり、それを伝えていくことで生徒たちとの共感が生まれます。物事を伝える時には、とても大事なことだと思います。

一度磨いた感性も、磨きつづけないとすぐにさびついてしまう。だから、いつも自分の感性を磨きましょう、という内容を、生徒たちだけでなく、先生や学校関係の方々にも伝えたかったのです。

こうした話を毎週のように全校集会でやりました。

僕も一人の人間として本音をさらけ出します。みんなは今日の校長の話は何だろうと楽しみにしてくれるようになっていきました。

配布したコラムは朝礼の時のような話し言葉ではなく、文章として多少言葉を整えたり丁寧な言い回しに修正したりしている部分もありますが、伝えたい本質的な部分はまったく変わりません。コラムを配布すると、読んだという保護者の方から感想が届くことも増えました。この校長はこんなふうに考えているのかと、理解してくれたり意見を寄せてもらったり。これをきっかけに、さまざまなやりとりが生まれるようになりました。

生徒の言葉を鍛える

子どもたちに直接、言葉を大切にするための指導を行うこともあります。

僕は生徒会の担当をしていた時、リーダーたちに対してスピーチを徹底的に指導しました。

麹町中で校長を務めていた際にも、卒業式の送辞や答辞の指導は僕が行っていました。

「待ちに待った運動会。今日は晴天に恵まれ……」

生徒が用意してきた原稿がこのような紋切り型の場合、「これを聞いて心が動く人がいると思う？　ありきたりだよね。リーダーの使う言葉ってどんなものだろうか」と伝えます。

みんなを当事者に変えていく言葉こそ、リーダーが全校生徒に語る時に必要です。しかも、それが大人からではなく同じ年代の生徒から言われたほうが大きな効果が発揮されます。

めざすべきスピーチの理想像は「緻密に計算された魂の叫び」。リーダーという立場に限らず、周囲の人たちは好いてくれる人ばかりではありません。もちろん嫌ってくる人たちだっています。リーダーにはたとえ自分を嫌っている人たちを相手にしても、その人たちの心を動かす言葉を見つけ出してほしいと思います。

スピーチをするにあたっては、僕は次の3つのポイントを大切にしています。

①何のためにスピーチしているのか。
②誰に対してスピーチしているのか。
③話した言葉が相手にはどう伝わっているのか。

特に③。子どもはもちろんのこと、大人でさえ難しい課題ではあります。

校長たる者、子どもたちの言葉を鍛えるために、自分の言葉もつねに磨いていく必要があるのです。

【コラム　校長の〝先生〟】6　ヤングアメリカンズが教えてくれた3つの言葉

「どうしたの？」
「どうしたいの？」
「何か手伝えることある？」

自律型の人間を育てるアプローチとして、僕が基本にしているのは右の3つの言葉です。

僕がこの言葉を見つけ出すことができたのは「ヤングアメリカンズ」のおかげです。皆さんはこのユニークな取り組みをご存じでしょうか。アメリカに本部を置く歴史あるボランティア団体で、歌や踊りのワークショップによる教育プログラムを日本各地で提供しています。スタッフはアメリカ人の学生たち45人ほどで、中には日本人もいました。

その内容を簡単に紹介すると、3日間でミュージカルを1本創り上げるワークショップのような活動です。ミュージカルとはいえ、歌とダンスだけで特にセリフはありません。歌やダンスは、人間のごく自然な感覚であり本能なんだと、ヤングアメリカンズの現場を見てあらためて感じました。

ヤングアメリカンズは例えば市区町村など自治体が招聘（しょうへい）するケースもあります。あるいは企業等が協賛して希望者を募ることも多いようです。そうした場合はたいてい練習から成功します。そもそも「参加したい」というファンがいて、ヤングアメリカンズの良い点をみんながよく知っているからです。肯定的な人たちが参加するのですから円滑に進みます。

しかし、麹町中でやるとすれば、そうはいきません。「参加したくない」という生徒も確実に出てきます。すべての生徒たちが一人残らず丸ごと変化していく場となるのかどうか、それは大きな挑戦でした。特に「やりたくない」という子たちがどのように変化していくのかが注目点でした。

一日目、まず最初に彼らの質の高い短いミュージカルを見ました。その後「誰に習いたいか、先生を自分で選んでください」という指示がスタッフからあります。

麹町中は参加する1・2年生合わせて二百数十人の生徒がいます。その一人ひとりが約45人のスタッフの中から「先生」を選んで、その先生と3日間、練習をしていくのです。

やりたくない子の中にはふてくされて、「参加したくない」と体育館の片隅に座り込んだりする子もいます。

そんな時、日本の学校だったらどうするでしょう。

「おまえ何やっているんだ」と先生が注意して、無理にでも参加させようとするでしょう。そして、いやいや参加するからますます拒否し、次の日から欠席なんてことになる。しかし、ヤングアメリカンズの指導スタッフは、まったく違うアプローチをとりました。

とにかく子どもに近づいて、コミュニケーションをとります。やりたくない子どもにも寄り添って、言葉をかけます。僕は興味を持って耳をそばだてました。

「いいよ、やりたくなかったら無理しないで」「もしやりたくなったら参加してね」

そんな言葉が聞こえてきました。

「無理にやらせる」のではない。ただその人に寄り添う。「君がここにいてくれるだけでいいんだよ」と言葉をかけていました。

練習風景を見ていると、これまで音痴だとからかわれてきた子が、緊張しながらソロパートを歌い始めます。「君はこのパートの主役だよ」「ここでソロで歌うんだ」と役割が振られるのです。

ソロの人は英語の歌詞を歌う時、歌詞カードも見ないで先生から口伝えで教えてもらい練習をするのです。音程が途中で狂ってもひるまず、必死になって声を出す。ハラハラしながらみんなが見守る中で、一曲を歌いきると、見ていた人からワァッと拍手が沸き起こりました。傍観している側も、つい涙が出そうになるくらいの迫力です。

そうした様子を脇で見て、最初は「やりたくない」と言っていた子たちが一人また一人と歌やダンスの練習を始めるのでした。それも自発的に。

初日は30人ほどの生徒が「参加したくない」と言っていました。しかし、時間が経つにつれ一人、また一人と参加していくのは何とも不思議な光景でした。

決して無理強いしているのではないのです。

普段の授業ではかなりでたらめをやっている子までが、みんなと一緒に練習するようになっていきます。

いったいこの変化は何なのか。

たった3日間で、子どもたちがどんどん変わっていく。その姿を目の当たりにして、一番驚いていたのは実は教員たちでした。

短時間で、しかも教育的な指導なんてないのに、生徒たちはぐんぐん新しいことを吸収し、学ぶ努力をし、他の人と力を合わせて表現していく。そんな現実を教育者たちが見せつけられたのです。

これまで自分たちがやってきたことは何だったのか。

従来の教え方で本当に良かったのか。

教員たちは、自分の価値観を揺さぶられたはずです。

そのうちに歌とダンスを覚えて自分も参加しよう、という教員も出てきました。実際に教員の何人かはソロパートでダンスをしたり歌ったりしたので、「えっ、あの先生がやるの」と、周囲は教員の変身ぶりにもびっくりさせられたのでした。

もはや生徒も先生もない。みんなでたったひとつの目標をめざしたのです。

「保護者の方々を楽しませよう」

それが目標でした。

200人を超える子どもと大人が一斉に踊ったり歌ったりするミュージカルの迫力は凄い。決してうまいとは言えない演技ですが、見に来た保護者たちは強く心を揺さぶられて、感動して涙する人もいました。

ヤングアメリカンズから見つけた言葉。

「どうしたの?」→相手の状態を知ること。

「どうしたいの?」→意志を問いかけること。

「何か手伝えることある?」→見守っていることを伝えること。

3つの言葉は、いずれも質問形です。

生徒は答えを与えてもらうのではなく自分の思いや意志を表現します。自分を肯定してくれる環境の中で、自分自身で決めるのです。

終章　民主主義の学校――対立を恐れない心をどう作るか？

多数決はできるだけ使わない

「まえがき」で触れたように、僕が本気で校長になろうと決心したのは37歳の頃です。校長を志した理由も「自らが民主的な中学校をつくって、日本の学校を変えるきっかけとなりたい」という想いからでした。

行政で10年ほど遠回りしたのち、54歳でようやく校長職に就き、麹町中を預かった僕は、主役である生徒たち、教員たち、そして保護者の方々との試行錯誤の末、「民主的な学校」としての姿をいくらか体現できたと自負しています。

最上位目標としてめざすべき「民主主義」の実現のために、これからも教育の現場で力を注いでいきたいと思っています。

そこで、この終章では、学校現場から見た民主主義についてお話ししたいと思います。

民主主義においては、多数決で決めるのが当たり前。

そう思っている人が多いのではないでしょうか。

しかし僕は生徒たちに「何かを決める時、できるだけ多数決という方法をとらないようにしてみよう」と伝えてきました。

読者の皆さんは驚かれるかもしれませんが、この点は民主主義にとって重要なポイントです。

数で決めるのは簡単なことです。

しかし多数決は「少数派を切り捨てる」行為であることを、僕たちは自覚できているでしょうか。

民主主義の本質とは、「誰一人とりこぼさないこと」にあります。だとすれば、多数決という方法に頼って決めることは、本来の民主主義の姿とは言えないのです。

誤解を防ぐために補足しておきますが、国や自治体レベルで物事を決めるときに多数決という手法を用いることは否定しません。議員が多数決をとるのは、それ以上のベターな方法がないからです。議会制民主主義はある一定期限内に物事を決めていかなくてはならず、いつまでも話し合いが続いて決められないとすれば、それこそ国家的な危機に陥ってしまいます。議会が多数決という方法を使わざるを得ないのは、当然だと僕も思います。

ただし、国や自治体がそうしているからといって、学校の教室でも多数決がベターかというと、それはまったくの間違いであり、「誰一人とりこぼさない」ことをめざすべきだと思います。

「全員がＯＫ」という方向を探し出していきましょう、と僕がたびたび生徒たちに提案し続けてきたのはそうした理由からです。

例えば「授業を受けたくない」という人がいるとしましょう。

実際に麹町中にはそんな生徒が複数名いました。授業を受けたくないから欠席する。それはその人の選択の自由でしょう。その結果もまた、引き受けることになります。

しかし、もしも「受けたくない」という生徒が他の生徒の邪魔をするとなればどうでしょうか? 何かを「しない」権利は一人ひとりにある。しかし、他の人を邪魔する権利があるでしょうか。

もし、他の人に迷惑をかける行為は許されない、という点でみんなが合意するのだとすればルールが生まれます。

そのように一つひとつの事柄について丁寧に議論し対話をしながら、合意できるところを見つける。それがルールとなっていく。こうした道筋こそ、民主主義の基本だと思います。

もちろん、合意を見つけるには時間がかかります。

反対意見を持っている人は自分の考え方を修正していかなければならないし、複数の人が少しずつ妥協しあって、みんながOKという点を見出す努力も必要になります。

時には、どうしても解決できない対立が生まれてしまうこともあります。

そうした時には、やはり先生や大人の適切なフォローが必要になるでしょう。好き勝手に意見を言うだけでは前に進まないため、「みんながOKと言える最上位目標は何だったのかな」とあらためて原点を振り返るきっかけを作るのです。

最上位目標を再確認して、それを実現していくための手段をもう一度みんなで考えるのです。

「これって何のためにやるんだっけ？」というところに戻って議論できれば、深刻な対立に発展しにくいでしょう。たとえ自分の意見とは違う結果になったとしても、最上位目標は合意できているので、「自分だけ無視された」「置き去りにされた」という感覚にはならないはずです。

法律は絶対的な決まりなのか

ところで、皆さんは法律について、どのように捉えていますか。

日本では法律を「絶対的なものである」と考えている人が多いと思います。

日本人の多くは、法律はお上が作ったものだと思っています。しかし、それは違います。

我々が作ったものです。国会は法律を作る立法の場であり、その国会に僕たちの代表が出ていって話し合って決めているのだから、法律は人々の意識と行動によって変えていくことができる。

そんな話を生徒たちにします。そして、さらにこう問いかけるのです。

「では、そもそも法律とは、いったい何のためにあるのかな？　それを考えてみましょう」

例えばここに許せない、殴ってやりたいと思うほどの相手がいたらどうでしょう。そして、その相手と今にも殴り合うほどの対立が生じたとしましょう。こんな時、あなたはいったいどんな行動をとるでしょうか。そして、こんなことが町のいたるところで起こる無法地帯の社会に生きていたら……。

こんな社会に法律を作るとしたら、皆さんは「殴る自由」「殴られない自由」、どちらの自由を優先して法律を作りますか。

「もし、頭にきたら人を殴ってもいい、と認めた法律を作ったとすれば社会はどうなるでしょうか。当然、力の強い者が勝つわけですから、みんなが腕力を鍛えようとしますよね。そして腕力に自信がなければ武器を持とうということになっていくわけですから、社会の秩序は乱れます。たとえ今の時点で強い者だって、歳をとれば衰えますし、病気になることだってある。結局は誰もが安心した社会にはなりませんよね。

とすれば、自ずと答えは見えてくるわけです。みんながＯＫな社会をつくるためには、基本的に誰もが理不尽に「殴られることのない自由」を尊重する法律を作ったほうがよいということになる。

一人ひとり自由に生きようとすると、そこに必ず摩擦が起こります。それを調整するもの。それが法律です。一人ひとりの心は自由です。その一方で一人ひとりの行動については他者の自由を認める中で自由が制限されます。生徒たちにはこうした民主主義の本質を教えていきたいものです。

合意形成の技術をどこで学ぶか

日本では政治にしても組織や地域においても、なかなか合意形成できないため、物事が停滞してしまう傾向があります。突き詰めれば、その原因は対話や議論をする技術が未熟だからです。だとすれば、解決のヒントもまた、そこに眠っているはずです。

言行一致や心技体など、日本人は行動と心とを結びつけて考える傾向が強い、ということをこの本の中で何度も指摘してきました。

生き方や行動と、心とは一致しているはずだ、と思っている人も多いでしょう。そのような日本独特の「心」を中心に置いた教育が、時には民主的な社会を維持しようという方向と嚙み合わないこともあります。

日本人は人間関係に折り合いをつけるために、消極的な調和を選択して空気を読むのが上手です。会議では声の大きい人の話を黙って聞いて、できるだけ発言しません。会議が終わった後に、小声で「あいつの言っていることはおかしいよな」と気心が知れた仲間で愚痴を言いあって不満を解消する。こうして人間関係に折り合いをつけるか、または数の論理に従って多数決で決めるか、２つの方法のいずれかで物事を決めがちです。声の大きい誰かの意見に従っていれば、決める力はつきません。「これまではこうやってきた」と前例が優先されるのも、自分たちで決めるという習慣がないからです。サービス過剰な環境に慣らされ、受動的な姿勢で生きてくれば、判断する力も育まれません。複数の課題がある時にいったいどれを最優先にすべきか、ということも決められないのです。

手段にすぎないことが目的化してしまいやすいのもそのせいです。優先順位をつけることが下手で、一番大事な目標が何であるかがよくわかっていないからです。

違う意見とどう向き合っていけばいいかわからないのも、感情的な対立になりがちなのも、訓練をしていないのですから当然です。

違う意見に対して、「どこがどう違うのか」「どこかで合意できる点があるか」と感情をコントロールしながら冷静に考えていく習慣をつけること。そして対立が起こるたびに何のためにこの議論をしているのかというそもそもの目的に立ち戻って発言を繰り返すこと、それが対話の基本です。

感情と理性を切り分けられない日本社会

特に歴史的に大きな戦争を幾度となく経験してきたヨーロッパでは、とりわけ第二次世界大戦後、学校教育が大きく変わります。その中心にあるのが感情と理性をきちんと切り分けて、理性的に物事を考えないと対立は解決できない、そして平和もやってこないという教育です。いわゆる「市民教育」です。

一方、日本では「心の教育」が大切にされてきました。平和は「心の教育」があってこそ実現できる、そんな考えの教育とも言えます。「心の教育」はある意味、とても曖昧です。理性的に考えて行動を決めることも「心の教育」であり、人の気持ちや感情を大切にして行動することも「心の教育」だからです。

そのため、対立を解決する際、人の気持ちや感情を大切にしすぎてしまう傾向があるのです。しかしながら、人の心は簡単には抑えられませんし、変えることもできません。とすると、強い憎しみがあった時に、この憎しみが消えないうちは、対立を解決できなくなってしまうことになります。

むしろ、感情はどうにもならないと諦めて、理性的に物事を考えることによってこそ、お互いがその後も平和で暮らすための方法を見つけることができるのです。

「心の教育」はとても大切です。しかし「心が育つこと」を待っていては、いつまで経っても平和は来ません。平和が来る前に人類は滅びてしまうことになるかもしれません。偉大な思想家の孔子でさえ、自らの心に自信をもてたのは70歳と言っています。「心」をコントロールし、理性的に「行動」を変えていく知識とスキルこそが大切だと考えます。これこそが真の「心の教育」だと呼びたいものです。

ＳＤＧｓに謳われているように、みんなの幸せを実現するためには、人の心や感情を抑えて、持続可能な社会を築くという共通の目的でみんなが握手できなければいけません。そのことを世界中の教育で教える必要があるのです。

たくさんの人が集まり、共通の目的を探し出し合意する訓練をするには、学校という場はとても適しています。大人になってからでは自分の経験値や考え方が固まってしまい、なかなか修正するのが難しいですが、まだ感性が柔らかで経験も少なく価値観も固まっていない子どもなら、多様性を受け入れながら対立を対話で解決する能力を身につけることができるのです。

人権感覚イコール言語感覚

民主主義社会を成熟させていくためには言語感覚が大切です。

なぜなら「人権感覚イコール言語感覚」だからです。

例えば"ladies and gentlemen"という言葉が、今では"everyone"に替わってきていますが、それは社会がＬＧＢＴＱの人たちに配慮するようになったからですよね。

文化の中で言語は自然に変化します。言語をどのように使い、また使うシーンを変えていくのか、ということは実は我々の人権感覚を映しだしているのです。

日本語は複雑にできていて尊敬語や謙譲語もありますが、そうした言語表現は国際的な人権感覚と時に逆行したり一致しなかったりする部分も生じます。

長い文化の中で生まれてきた言語ですから、簡単には変えられません。しかし、すべての人間にとってより良い社会を築いていくためには伝統的な言語や表現方法でさえ、意図的に変えていく必要があると僕は思います。日本語の美しさや伝統を守るという大義のもとに人権感覚をないがしろにしてはいけません。言葉は未来の社会をつくる源ですから。

「ウェルビーイング」がなぜ最上位目標に？

いま教育の目標について、国際的な議論がされています。

地球規模でいえば、「人類が生き続けていける持続可能な社会をつくること」を実現するために教育があるということです。

ＯＥＣＤ（経済協力開発機構）の Learning Framework において、教育の目標として掲げられている究極の目標が、「ウェルビーイング」です。

ＯＥＣＤは当初、経済的な成長を重視していたはずですが、今では人間そのものの内面的な幸せ、さらには社会的不公平や格差などの観点も含めて、包括的な成長（Inclusive Growth）をめざすことを提案しています。

「ウェルビーイング」という考え方は、世界的にも注目されています。

それが意味するところは、人間そのものの内面的な部分や精神的な幸せ、さらには社会的な公平や格差などの観点も含めた上での幸福のことです。

こうした「ウェルビーイング」の実現は、世界の教育者のトップクラスが集まってつくっ

図４　OECDにおけるウェルビーイングの測定枠組み

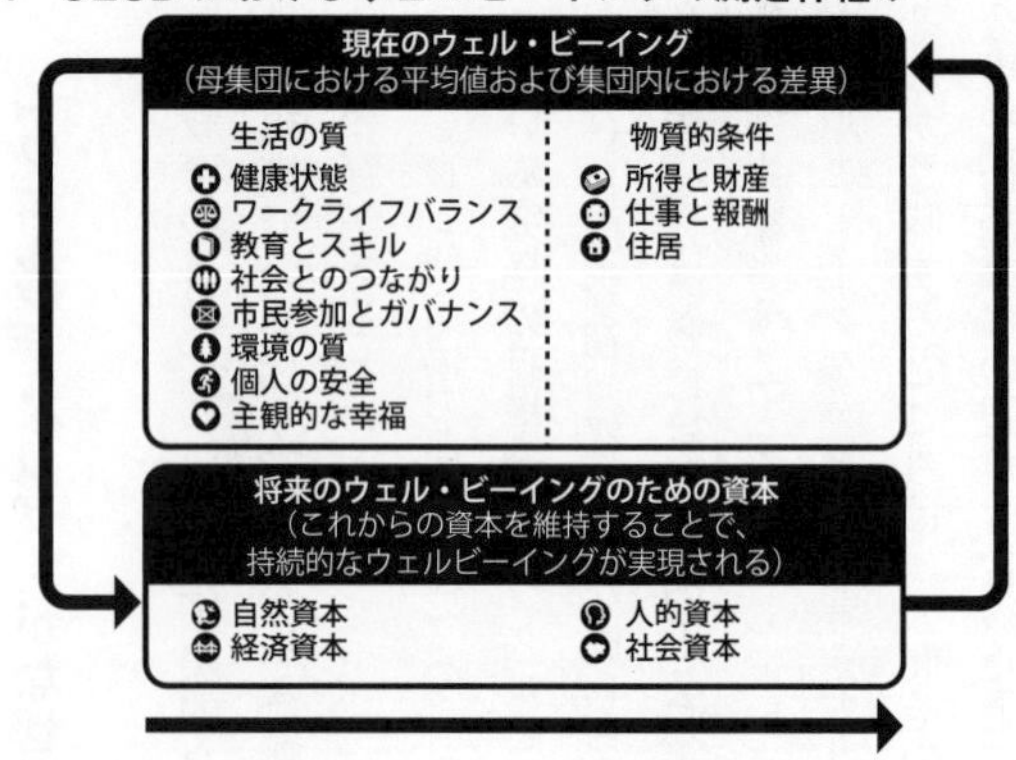

出所）How's Life? 2017: Measuring Well-being. OECD Publising.（日本語訳：白井俊著『OECD Education2030プロジェクトが描く教育の未来』ミネルヴァ書房）

た、今の人類が考え得る最高の教育目標ではないでしょうか。

日本においても、政府の教育再生実行会議の提言を見ると、やはりポストコロナ期の教育政策の基軸として「ウェルビーイング」という文字が見つかります。

「この幸せとは、経済的な豊かさだけでなく、精神的な豊かさや健康も含まれます。そして、このような幸せが実現される社会は、多様性と包摂性のある持続可能な社会でもあります」（首相官邸公式ウェブサイト）

「ウェルビーイング」を実現するには、いったいどうすればよいのでしょうか。

ＯＥＣＤの Education2030 はそのための方法として「エージェンシー」（Agency）という概念が大事だと提言しています。

その言葉の定義は、「変化を起こすために、自分で目標を設定し、振り返り、責任をもって行動する能力」です。

しかし Agency は日本語の中になかなかフィットする言葉が見つかりません。僕が日本語に翻訳するとすれば、「主体性と当事者意識を持って組織や社会を変えていくこと」になるでしょう。つまり、これまでこの本で強調してきた「当事者になる」ということ。エージェンシーを発揮するために、生徒たちが当事者になる、ということです。

また、文部科学省は２０２０年度から始まった新たな学習指導要領において「主体的・対話的で深い学び」（アクティブ・ラーニング）を重視しています。学習指導要領のリーフレットでは「自ら課題を見つけ、自ら学び、自ら考え、判断して行動し、それぞれに思い描く幸せを実現してほしい」というメッセージも発しています。

つまり、日本の教育においても、自律する子どもを育てることを最上位の目標としているのです。

世の中は多様性を認めれば認めるほど、当然の帰結として、さまざまな矛盾が生まれ苦しくなります。例えば、どうやって地球環境を維持しながら、かつ経済を発展させていくのか。炭素エネルギーを使わない社会をめざそうとすれば、炭素エネルギーを使っている企業の姿勢が問われてしまいます。

しかし、エネルギーによってその産業が成り立っているとすれば、いきなり生産方法を変えてくださいという要請は現実的ではありません。

各国が「カーボンゼロの方向に進みましょう」と合意したとすれば、炭素エネルギーを必要としている企業に従事している方々を支援しつつも、別のエネルギーを使う提案によってソフトランディングをさせる方法を、社会が一丸となって見つけていかなくてはなりません。まさしく国家が決定すべきことでしょう。

二項対立的に問題を設定し、経済優先か命優先か、と問うことは無意味です。経済を優先し命なんかどうでもいい、という発想は誰一人持てないはずですから。

マスコミの罪

日本では子どもの頃から心の教育で物事を考えているため、対立が起きた時に「どちらが上位概念か」を判断する訓練ができていませんが、上位概念がわかると、一見すると二項対立に見えるものが、上位概念で握手できるようになるのです。

例えば「学校にスマホを持ってくる自由」と「スマホを持ってこさせない規則」という対立があったとします。

保護者の中には「今の時代、スマホを自由に持たせてください」という考えの人が大勢います。その一方で「いや、スマホはよくないことがたくさん起こるから、うちはスマホを持たせない方針です。うちの子だけが持っていないと仲間はずれになるので、スマホの持ち込みを学校として禁止してください」という考え方の人もいます。両者は一見、二項対立に見えるかもしれませんが、実は違います。どちらが上位概念でしょうか？

民主主義的に考えれば他人に損害を与える自由はないわけですから、持ちたい人が持てるような環境を優先するほうがいいわけです。「持ちたい人が持てるようにする」それこそが上位概念であり、問題が生じたらそのことについてはその都度解決方法を考えましょうということです。

このように上位概念で握手をするという訓練を子どもたちが積んでいけば、やがて上位概念で握手できる大人が育っていきます。

現状の日本社会では、そうした大人があまり育っていないために、相変わらず二項対立で議論が平行線のまま。国会でも、そのような残念な光景が繰り広げられています。

これについては、僕はマスコミに大きな責任があると考えています。

マスコミでは、公平性が最上位の目的になっているように感じます。しかし、もし国民みんなを幸せにすることが上位概念だとすれば、社会が豊かになっていくための上位概念の意見をきちんと主張するのがマスコミの役割になります。

しばしばメディアは、町の人たちの意見を聞きましたとかいって、Aという意見、対するBという意見を両論併記で取り上げています。しかし、これはとても罪深いことなのです。上位概念としてはAが正しい時に、「B案のような反対もあるけれども、A案を取らなければいけない」とマスコミは主張しなければいけません。その上で、そこで起こる問題を解決していくことが重要なのだと報道すべきなのに、それを恐れています。

民主主義を成熟させていくためにも、マスコミが上位概念で主張できる国にしていくことがとても大事です。

【コラム　校長の〝先生〟】7　「学活」が教えてくれた当事者の力

授業の中で初めて生徒たちが「当事者になる」きっかけを作ってくれた本があります。それは『学級会活動と学級指導〈教師必携実践資料6〉』（中学校学級経営研究会編、日本文化科学社、1980年）。この本との出会いをきっかけに、僕の挑戦は始まりました。

僕が教壇に初めて立った頃、文部科学省は「学活」を「学級会活動」と「学級指導」の2つに分けていました。

その当時は1年間が40週あり、そのうち20時間ずつ、学級指導と学級会活動をすることに決まっていたのです。

ちなみに学級指導とは、先生が主体となって行う授業のことで、一般的な授業のイメージです。それに対して、学級会活動とは生徒が主体となって行う活動です。

その本は、もちろん両者をきちんと分けていました。

当時、「学級会活動は教員泣かせの時間」とも言われていました。

なぜなら、子どもが主体になって学級を自治していくとは言っても、何をどうしたらいいのかわからないからでした。

自治を実現させるために、教員はどのように指導したらいいのか。指導しなくてもいいのか。今のようにノウハウやマニュアルもなく、僕自身にとっても初めて直面した難しい課題でした。

そもそも自分自身、子ども時代に学校で自治をやった経験がない。僕の性格からしても率先してリーダーシップをとったことがない。ゼロから生徒自身が何かを成し遂げていく方法なんて、見当がつきませんでした。

ところが、この本を読み進めるうちに、自治の時間も可能なのだということを知り、自分のクラスの学活で試行錯誤してみることにしました。

教員2年目になった時、生徒たちに「学活の半分は自治の時間だから、君たちに学級運営を渡すよ」と告げました。

学級というのはひとつのコミュニティです。そこでどんなルールを作るのか、どんな係が必要なのか、学級の運営は誰がどうやるか。それを「みんなで決めていいよ」と言ったとたん、子どもたちの目が活き活きと輝き始めました。

これにまず、僕がびっくりしました。

当事者になる、というのはこんなに凄いことなのか。自発的に課題を見つけて解こうとする時、人はこうも輝くのか。

権限を与える、ということの深い意味を知りました。

それだけではありません。学習の成績までがどんどん上がっていって、地域でトップクラスになってしまいました。

誰かに押しつけられる学びではなく、自分たちで自律的に学んでいく時のパワーを、僕は目の当たりにしました。

成績が抜群に伸びたこともあり、周りの先生から僕自身が教員として認められていく実感もありましたし、ある意味いい気分になっていた時代でした。本書で「問題のある教員」の例として語ってきた「スーパー・ティーチャー」の気分に、僕自身が酔っていたのだと思うし、かなり恥ずかしい時代です。ただ「生徒が当事者になる」ということの意味は、それ以後も決して忘れませんでした。

僕に貴重なきっかけを与えてくれた『学級会活動と学級指導』という本は、おそらく日本で初めて学活の中における自治的な学びについて体系的に記した、その当時の名著だと思いますが、残念ながら昭和が終わった平成元年（１９８９年）からの学習指導要領では、学級会活動と学級指導が統合され、学級活動と名称を改め、自治的な学びの色合いが薄くなってしまいました。

あとがきに代えて――横浜創英がめざす「学びの大転換」

麹町中の真似をしようとして、いろんなものを自己決定させる教育に転換しようと努力する学校の話をよく耳にします。

その時、管理教育をやめて子どもの主体性を活かそうとすると、見た目では学級が荒れて見える傾向がどうしてもあります。特に中学1年生はそうなりがちなのです。その段階で我慢ができなくて、やはりこの方法はダメだと見切りをつけてしまい、管理教育に戻してしまう学校があります。

実はいま当の麹町中学でも、揺り戻しが起きている様子が聞こえてきます。真偽はわかりませんが、僕は少し心配をしています。

他方、現在僕が校長をしている横浜創英中・高校は今、どんな状況にあるのか？　その取り組みをご紹介して、本書を締めくくりたいと思います。

横浜創英が大切にしている最上位の目標をわかりやすく言えば、2つ、「一人ひとりが主体的であること」そして「誰もが多様性を受け入れて、そこで起こる対立を当事者として対話し、合意できる力をもつこと」です。

イメージとして大切にしていきたいことは、デコボコで入ってきた生徒がデコボコのままで卒業できる学校にしようというものです。苦手なものをどうにかさせるより、得意なものを伸ばしてあげたいということです。

障害がある子も同様に、自分にあった学びを得て、将来を前向きに考えていけるようになってほしい、そう考えています。

横浜創英で校長2年目のことです。障害がある子どもが受験するということがありましたが、教員の中には「いや、まだまだうちは早いんじゃないか」という反応がありました。僕は教員たちにこう伝えました。「皆さん、ここは私立の学校だから自分たちは公教育じゃないと思っているかもしれないけれども、それは違います。そもそも学校法人というのは、税金を免除され、多額の私学助成金をもらっています。これがなければ生徒たちの授業料は、インターナショナルスクールなみにとんでもない金額になりますよ。皆さんの給与にだって影響します。つまり私たちは国民の税金をいただいて公教育をしているのです。もし障害がある子が入学してくれたら、新たに課題が見えます。それはありがたいことなのです。その子が入学してくれることによって、教職員の能力も学校の組織力もアップするわけですから。素敵でしょ。皆さんはどこかの学校の先行例を後追いで真似したいんですか。それとも先頭を走って、それを広める役割を担いたいんですか」と。こんな話を職員会議でめずらしく熱く、そして厳しく職員に語りました。もちろんその後から職員の日頃の言動は大きく変わりました。

つまり、覚悟を決めてくれたのです。

誰よりも繊細に、先頭に立って取り組んでいかなければならないのが私学だと僕は思います。ところが、私学の中には合わない子どもを退学させようとする学校もあります。横浜創英は教育理念を理解し、ここで学びたいと思う子どもを退学させない学校にすべく、進級規定、卒業規定も変えました。

*

私立学校は公立学校と比べてカリキュラムもかなり自由に作ることができます。2022年度には初めて、中高一貫の「サイエンスコース」を設置しました。

このコースでは思い切った挑戦として文系と理系とを融合させました。世の中の現象に注目し、問題が発生してきた理由について考え、仮説を立てたり実験やデータで検証したりして、客観的で科学的なアプローチをしていく。そんな思考方法を身につけてもらいます。

2025年には未来を創り出す実践的なスキルを身につける「グローバルコース（仮称）」を立ち上げます。サイエンスコースと同じように社会を変えるための人材を育成するコースになりますが、教員側が設定したさまざまな課題を解決するために、期日までにチームで探究、プレゼンテーションを行うコースです。テーマは最初は簡単なものから始め、しだいに環境問題や経済など難しいものに移行します。ビジネススクールのようなケーススタディを取り入れる予定です。

「サイエンスコース」も「グローバルコース」（仮称）もともに、仕事を通してさまざまな社会課題の解決に向けて活躍している40人以上のトップランナーのご協力をいただいています。2022年度の特別授業には、北海道でロケット開発に取り組む民間企業「植松電機」社長の植松努さん、演出家・劇作家の鴻上尚史（こうかみしょうじ）さん、サッカー元日本代表監督の岡田武史さんら26名をお招きしました。

そして同じく2025年から、いよいよ「学びの大転換」をスタートさせます。

日本の学校教育において主体的な学びの位置づけは、せいぜい探究活動（総合学習）があるにすぎません。いわばアクセルを踏む割合は1割程度であり、残りの9割は一方的に教師から与えられる一斉授業であり、それはブレーキを踏んでいるようなものです。これでは、子どもたちの主体性は育ちませんし、効率も悪い。僕たちは2025年度、すべての授業でアクセルを踏むことができる教育システムを始めるべく、いま準備を進めています。全校生徒1600人が自らの力で個別最適な学びを実現するために、すべての教科で可能な限り学年を柔軟に横断できるしくみです。

*

「学びの大転換」の具体像を少しだけご紹介します。

大きく視点が2つあります。そのひとつは当事者意識を持った子どもを育てるために学校運営を生徒に委譲していくことです。生徒会行事はもちろん、例えば修学旅行についても、生徒が旅行会社と折衝し、決定しています。旅行先、日程などの企画、費用、すべて子どもに委ねています。

もちろん「多数決は使わずに、みんながOKというものを探して。当然対立が起こるけど、全員OKなアイディアを探し出してね」と伝えています。生徒はいろんな考え方の人がいることを踏まえ、どうやって合意するか、必死になって対話するわけです。

2つめの視点は、授業をすべて教師主導から学習主体に切り替えていくことです。つまり、生徒が学習内容や学び方を自己選択、自己決定できるしくみにします。例を挙げると、数学の授業では全部自由にしています。YouTubeを見て学ぼうが、問題集を使おうが、教科書を使おうが、進度も自由。苦手な子は、小学校のつまずきから戻ってもかまわないしくみです。最近注目されているいわゆる自由進度学習という方法とも言えます。当然はじめは大変です。一人ひとりが学び方を覚えるには長期間かかる子もいます。しかしいったん学び方を覚えさえすれば、落ちこぼれは出ないし、それぞれの能力が大きく上がるのです。

英語の授業でも自己選択できるしくみの実験を始めています。ひとつは文法などの基礎を教えてくれるクラス、もうひとつはスピーキング、ヒアリングに徹底して取り組むクラス。もうひとつは自由に学べる、数学と同じようなクラス。日によって学ぶ場所、学ぶ内容、学び方の異なるクラスが複数用意され、それを毎時間、子どもが選べるしくみです。僕らが始めようとしているのは個別最適化をめざし、学級も学年も垣根を越える試みです。例えば中1で英検1級の子がいたとしたら、高校で学んでもいいよ、ということです。

理科や社会については科学的思考を学ぶ教科ですから、その特性を活かしたクラスを複数用意したいと考えています。

体育も美術も音楽も、教科の特性を踏まえて複数の学年が一緒に学べるしくみを考えています。

これまでの一斉授業ではほとんどが受け身で教わっていましたが、すべて自己決定できればモチベーションは格段に高まります。退屈な授業で眠たいのを我慢していた時間が減るから効率的です。学ぶ時間が減った上で学力がつくという優れものです。当然教員も教える時間が減るので働き方改革にもなり、時間を有効につかうことでより専門性を上げることもできます。

あらゆる課題が一気に解決できるのです。

今、複数の大学と協定も結んでいます。大学の授業を受けて、横浜創英での単位にすることもできるようにしたいと思います。また大学によっては、もし進学したら、入学後にその単位を前倒しで取得できるようにしたいと考えています。これらが実現すれば大袈裟かもしれませんが、教科によっては中学校から大学まで飛び級や、留年のような学び直しもできるしくみです。

これらを実現するために、現在いくつかの大きな議題を解決するべく、企業とも協力してソフトウェアなども開発中です。

横浜創英の取り組みは単なるひとつのモデルにすぎません。でも従来型の典型的な私立学校だった横浜創英が、本質的な学びの大転換に成功すれば、日本中のどの学校にも横展開できるしくみを提供できると考えています。

＊

もちろん今の日本のしくみの中では、受験を突破するための知識も大切にせざるを得ません。しかし、僕たちはそれを第一の目標にしてはいません。「学びの大転換」の結果として、学力や進学実績も上がっていくと思いますが、僕たちは社会の問題を解決していく力をつける学びのしくみを生み出していきたいのです。そのために学校の運営に対して生徒たちには積極的に関わってもらいます。まさに民主主義を実践する場になるように、子どもたちを学校運営の中心に据え、課題解決を子どもたちの手に委ねるところから始めています。いずれは保護者たちにも学校運営に関わってもらおうと思います。

「学力を上げる」ことは、「自律する子どもを育てる」ための手段にすぎません。

横浜創英の建学の精神は、「考えて行動できる人の育成」です。

その上で「自律・対話・創造」を掲げてそれをめざしていきたい。与えられることから「自律型」へと転換し、多様性から生じる対立を受けとめ、対話を通じて合意する力を育んでもらいたいのです。

今のように予測困難な時代に、力強く生きていくために。

工藤勇一　Kudo Yuichi

横浜創英中学・高等学校校長。1960年山形県生まれ。東京理科大学理学部応用数学科卒。山形県公立中学校教員、東京都公立中学校教員、東京都教育委員会、目黒区教育委員会、新宿区教育委員会教育指導課課長などを経て、2014年から千代田区立麴町中学校校長として宿題廃止・定期テスト廃止・固定担任制廃止などの教育改革を実行。2020年より現職。初の著書『学校の「当たり前」をやめた。』がベストセラーに。教育再生実行会議委員、内閣府 規制改革推進会議専門委員、経済産業省産業構造審議会臨時委員など、公職を歴任。『麴町中学校の型破り校長 非常識な教え』『学校ってなんだ！日本の教育はなぜ息苦しいのか』（鴻上尚史氏との共著）、『子どもたちに民主主義を教えよう』（苫野一徳氏との共著）など著書多数。

中公新書ラクレ 812

校長の力

学校が変わらない理由、変わる秘訣

2024年２月10日初版
2024年３月25日再版

著者……工藤勇一

発行者……安部順一
発行所……中央公論新社
〒100-8152 東京都千代田区大手町 1-7-1
電話……販売 03-5299-1730　編集 03-5299-1870
URL https://www.chuko.co.jp/

本文印刷…三晃印刷　カバー印刷…大熊整美堂　製本…小泉製本

Published by CHUOKORON-SHINSHA, INC.
Printed in Japan　ISBN978-4-12-150812-6　C1237

中公新書ラクレ　好評既刊

L294 PTA再活用論
——悩ましき現実を超えて

川端裕人 著

『婦人公論』で07年4月22日号〜08年4月7日号にかけて連載（計23回）された「みんなのPTAを探して」の書籍化。もはや機能を失ったかに思えるPTAだが、父母と学校をむすぶただ一つの公的な機関として、いまなお存在しつづけているという事実は変わらない。それはどういう現状なのか、どう変わってゆかなければならないのか。大変化期を迎えた公教育の一断面を示し、ラクレ教育書の流れの一つに位置づけるノンフィクション。

L435 筆順のはなし

松本仁志 著

その筆順、本当に「正しい」という自信はある？　実は筆順には諸説あって、「唯一の正解」はないのだ。だからといって、筆順の知識が不要というわけでもない——本書は歴史をさかのぼって、いつ誰がどのように決めたのか、筆順をめぐるさまざまな謎について解き明かしながら、筆順のルールや指導法などをわかりやすく紹介する。教育関係者などの正しい知識を得たい人や、美しい文字を書きたい人へ。一家に一冊、目から鱗の内容。

L465 若者と労働
——「入社」の仕組みから解きほぐす

濱口桂一郎 著

新卒一括採用方式、人間力だのみの就活、ブラック企業、限定正社員、非正規雇用……様々な議論の中でもみくちゃになる若者の労働問題。日本型雇用システムの特殊性とは？　そして、現在発生している軋みの根本原因はどこにあるのか？　日本型雇用の状況だけでなく、欧米の成功例・失敗例を織り交ぜて検証する。労働政策に造詣の深い論客が雇用の「入口」に焦点を当てた決定版。感情論を捨て、ここから議論を始めよう。

L543

教えて！ 校長先生 渋谷教育学園はなぜ共学トップになれたのか

田村哲夫 著

新設校から全国屈指の進学校へと急成長した「渋幕」。女子校を共学化する学校改革に成功した「渋渋」。東大合格者数を急増させた両校のメソッドを校長が明かす。他方、受験勉強だけに特化せず、いちはやく取り組んだ海外大学進学など、グローバル化に対応した学校運営や、自由な校風で生徒の個性を開花させる学校生活、行事も紹介。人気№1水卜麻美アナ、闞莉王選手、日本マイクロソフト社長ら、卒業生インタビューも充実。

L551

ちっちゃな科学
――好奇心がおおきくなる読書&教育論

かこさとし＋福岡伸一 著

子どもが理科離れしている最大の理由は「大人が理科離れしている」からだ。ほんのちょっとの好奇心があれば、都会の中にも「小自然」が見つかるはず――90歳の人気絵本作家と、生命を探究する福岡ハカセが「真の賢さ」を考察する。おすすめの科学絵本の自薦・他薦ブックガイドや里山の魅力紹介など、子どもを伸ばすヒントが満載。NHKで放送され、話題を呼んだ番組「好奇心は無限大」の対談を収録。

L585

孤独のすすめ
――人生後半の生き方

五木寛之 著

「人生後半」を生きる知恵とは、パワフルな生活をめざすのではなく、減速して生きること。「前向きに」の呪縛を捨て、無理な加速をするのではなく、精神活動は高めながらもスピードを制御する。「人生のシフトダウン＝減速」こそが、本来の老後なのです。そして、老いとともに訪れる「孤独」を恐れず、自分だけの貴重な時間をたのしむ知恵を持てるならば、「人生後半」はより豊かに、成熟した日々となります。話題のベストセラー!!

L586

アドラーをじっくり読む

岸見一郎 著

ミリオンセラー『嫌われる勇気』のヒットを受けて、アドラー心理学の関連書が矢継ぎ早に出版された。しかもビジネス、教育・育児など分野は多岐にわたっている。だが、一連の本の内容や、著者に直接寄せられた反響を見ると、誤解されている節が多々あるという。そこで本書は、アドラー自身の原著に立ち返る。その内容をダイジェストで紹介しながら、深い理解をめざす。アドラーの著作を多数翻訳した著者ならではの、完全アドラー読書案内。

L638

中学受験「必笑法」

おおたとしまさ 著

中学受験に「必勝法」はないが、「必笑法」ならある。第一志望合格かどうかにかかわらず、終わったあとに家族が「やってよかった」と笑顔になれるならその受験は大成功。他人と比べない、がんばりすぎない、子供を潰さない、親も成長できる中学受験のすすめ――。気鋭の育児・教育ジャーナリストであり、心理カウンセラーでもある著者が、中学受験生の親の心に安らぎをもたらす「コロンブスの卵」的発想法を説く。中学受験の「新バイブル」誕生！

L708

コロナ後の教育へ

――オックスフォードからの提唱

苅谷剛彦 著

教育改革を前提から問い直してきた論客が、コロナ後の教育像を緊急提言。オックスフォード大学で十年余り教鞭を執った今だからこそ、伝えられること――そもそも二〇二〇年度は新指導要領、GIGAスクール構想、新大学共通テストなど一大転機だった。そこにコロナ禍が直撃し、オンライン化が加速。だが、文科省や経産省の構想は、格差や「知」の面から諸問題をはらむという。以前にも増して地に足を着けた論議が必要な時代に、処方箋を示す。

L731

どの子も違う

――才能を伸ばす子育て 潰す子育て

中邑賢龍 著

個性が強い子どもたち。突出した才能に恵まれても、そのうちのいくらかは問題児扱いされて居場所を失い、結果として不登校などになりがちだ。そんな彼らに学びの場を提供する東大先端研「異才発掘プロジェクトROCKET」でディレクターを務めるのが著者だ。教科書も時間割もないクラスで学ぶものとは？「成績が良ければ優秀」な時代は過ぎた？最先端の研究の場で得られた知見を一冊に集約し、子どもの才能を伸ばす子育て法を伝授！

L740

教育論の新常識

――格差・学力・政策・未来

松岡亮二 編著

入試改革はどうなっているのか？ 今後の鍵を握るデジタル化の功罪は？ いま注目の20のキーワード（GIGAスクール、子どもの貧困、ジェンダー、九月入学等）をわかりやすく解説。編著者の松岡氏は、研究が「教育の実態を俯瞰的に捉えた数少ない正攻法」（出口治明氏）と評される、「2021年日本を動かす21人」（『文藝春秋』）のひとり。ベストセラー『「学力」の経済学』の中室牧子氏、文部科学省の現役官僚ら総勢22名の英知を集結。